MANUALES
PARA LA SALUD

Michelle R. Kluck-Ebbin

Masajes suaves para bebés

ONIRO

Título original: *Hands on Baby Massage*
Publicado en inglés por Running Press Book Publishers

Traducción de Joan Carles Guix

Diseño de cubierta: Valerio Viano

Fotografía de cubierta: Penny Gentieu / babystock.com / Stockphotos

Ilustraciones del interior: Carolyn Reyes

Distribución exclusiva:
Ediciones Paidós Ibérica, S.A.
Mariano Cubí 92 - 08021 Barcelona - España
Editorial Paidós, S.A.I.C.F.
Defensa 599 - 1065 Buenos Aires - Argentina
Editorial Paidós Mexicana, S.A.
Rubén Darío 118, col. Moderna - 03510 México D.F. - México

© 2005 exclusivo de todas las ediciones en lengua española:
Ediciones Oniro, S.A.
Muntaner 261, 3.º 2.ª - 08021 Barcelona - España
(oniro@edicionesoniro.com - www.edicionesoniro.com)

ISBN: 84-9754-167-7
Depósito legal: B-14.189-2005

Impreso en Hurope, S.L.
Lima, 3 bis - 08030 Barcelona

Impreso en España - *Printed in Spain*

A Luke y Noah

Agradecimientos

Agradezco el apoyo, estímulo y cariño que he recibido a lo largo de todos estos años de investigación y preparación de este libro. Muchas gracias a Jennie Dunham, mi agente y amiga, que ha comprendido la importancia del masaje para bebés y que ha trabajado durante años con paciencia y determinación para ayudarme a hacer realidad mi objetivo de enseñar las técnicas del masaje infantil en todo el mundo.

Mi especial agradecimiento a mi editora, Deborah Grandinetti, por sus inestimables sugerencias, y todo el equipo de Running Press, que creyó en este proyecto. Gracias a Trish Telesco por su ayuda y generosidad con su tiempo, energía y experiencia; a Carolyn Reyes por sus maravillosas ilustraciones, diseño gráfico y denodado trabajo; y también a Vuthy Thorn, genial estratega en momentos de crisis y que me ayudó a no perder de vista mi objetivo.

Mi sincera gratitud a Richard y Helen Kluck, Cheryl y Ahmer Nizam, a la pequeña Noah Nizam, a la que le encanta este masaje, y a Luke Ebbin, el amor de mi vida. Gracias finalmente a los innumerables bebés y extraordinarios padres con los que he trabajado durante años como Monitora Diplomada de Masaje Infantil. Espero que este libro te permita disfrutar de los beneficios del masaje infantil.

Michelle Kluck-Ebbin
Enero 2003

Índice

Tercera parte: Técnicas curativas que satisfacen las necesidades del bebé

Anexos

Introducción

Tu bebé está en tus manos. Ternura, energía, cariño.
De repente, te has convertido en la piedra angular
de la sabiduría y la fortaleza.

Marjorie Holmes

Bienvenido a *Masajes suaves para bebés*, una de las formas más eficaces de tranquilizar y comunicarte con tu recién nacido. El tacto es esencial para el desarrollo físico y psicológico sano de tu hijo. Lo tocas cuando lo alimentas, cambias o meces, pero en ocasiones no es suficiente. Nunca olvidaré cómo Anna, de cuatro meses, que había estado llorando con cólicos durante horas, dejó inmediatamente de hacerlo cuando le di un masaje en el vientre, y cómo Noah, de dos meses, se relajó y se quedó profundamente dormida al darle un suave masaje en la espalda. El masaje en el bebé no sólo contribuye a satisfacer la necesidad universal del contacto físico, sino que también es una valiosa herramienta para los padres. En realidad, puede ser una forma muy eficaz de aliviar los trastornos con la estimulación táctil. Es sencillo, seguro, reconfortante y, lo que es más importante..., ¡cualquiera puede hacerlo!

Como Monitora Diplomada en Masaje Infantil (Certified Infant Massage Instructor - C.I.M.I. en Estados Unidos) he tenido la oportunidad de comprobar en innumerables ocasiones hasta qué punto reaccionan positivamente los bebés al masaje. También he visto cómo la confianza de los padres en sus habilidades como cuidadores aumentaban significativamente tras haber realizado un masaje de apenas cinco minutos a su hijo. Los beneficios del masaje tanto para el niño como para sus padres son tan importantes y apreciables desde el primer minuto que despertó en mí la necesidad de divulgarlo. Fue así como diseñé la Baby Massage Shirt™ Onesie (un body de masaje para bebés, que puedes conseguir a través de www.egeneralmedical.com, o en otros sitios de venta por internet), la forma más simple y fácil que se me ocurrió para enseñar a los nuevos padres las técnicas del masaje para bebés, pues proporciona una fórmula atractiva que enseña a mover las manos con eficacia por el cuerpo del niño.

Años después, tras haber realizado masajes a centenares de bebés, enseñado a centenares de padres a practicarlo y descubrir que el aprendizaje del masaje infantil puede ser tan importante como el alimentar, cambiar los pañales y facilitar el eructo del pequeñín después de cada toma, decidí escribir *Masajes suaves para bebés*, que proporciona información más detallada, además de una amplia gama de técnicas que forman parte integral de este antiguo y maravilloso arte curativo.

A menudo los padres me preguntan qué deben hacer para introducir el tacto en su rutina diaria de cuidados de su hijo. *Masajes suaves para bebés* responde a esta cuestión. En esta guía de masaje infantil orientado a las soluciones encontrarás instrucciones paso a paso para realizar un masaje sencillo en el cuerpo del niño, así como también técnicas específicas para abordar problemas cotidianos, desde cómo aliviar los desagradables efectos de la retención de gases en el estómago hasta la mejor manera de relajar al bebé para que concilie el sueño.

Es un libro fácil de usar. Lee con atención los dos primeros capítulos de la primera parte para afrontar el masaje con una actitud apropiada antes de pasar a las técnicas en el Capítulo 2. La primera parte describe los beneficios derivados para el niño y el masajista, y cómo hay que prepararse y acondicionar el espacio para sacar el máximo partido del masaje, cómo elegir un buen aceite y cómo incorporar la aromaterapia para potenciar los efectos terapéuticos. La segunda parte es un viaje paso a paso por la rutina de masaje, aprendiendo una secuencia de técnicas a aplicar en las piernas, pies, vientre, pecho, brazos, cara y espalda del bebé, además de que se explica cómo se pueden fomentar los hitos en el desarrollo físico y psicológico en la vida de tu hijo, cómo el masaje contribuye a satisfacer sus necesidades y cómo puede mejorar el estado de un bebé aquejado de cólicos.

A medida que vayas aprendiendo las técnicas, deja que el niño se erija en tu verdadero maestro: él mejor que nadie te indicará lo que le gusta y lo que no. Sus respuestas orientarán el desarrollo de la rutina de trabajo. Cuando la domines, sabrás cómo debes realizar un masaje a tu hijo desde la cabeza hasta los dedos de los pies. Y lo que es más importante, habrás empezado a desarrollar una forma muy íntima de comunicación no verbal con él.

Aunque el masaje para bebés puede resultar algo nuevo para los padres modernos, lo cierto es que ha formado parte de las tradiciones de cuidados infantiles en todo el mundo durante siglos, como por ejemplo en India, Nigeria, Bali y China. En occidente, muchos hospitales están empezando a incluirlo en sus programas para neonatos. En la ajetreada vida moderna, cuando los padres sienten la tentación de dejar a su hijo en la guardería durante horas en lugar de llevarlo consigo todo el día de aquí para allá, la necesidad del masaje infantil, con el contacto íntimo que supone, es cada vez mayor. El presente libro te ayudará a estrechar los vínculos de unión con el bebé, y a éste, a estar más sano y a sentirse más seguro emocionalmente. Asimismo, contribuirá a sentar las bases de una relación de confianza y amor mutuos.

El masaje no se circunscribe única y exclusivamente a la tierna edad del niño. A medida que va creciendo, puedes seguir utilizándolo como un instrumento para mantener el bienestar y la salud de tu hijo. Los indisolubles lazos afectivos con el niño pueden empezar con el nacimiento, pero es una conexión que se desarrollará y madurará a lo largo de su vida.

Nada es más importante que un bebé sano y feliz. Disfruta de este tiempo especial con él. Tócalo con las manos y con el corazón. Espero que este libro ayude al mundo, bebé a bebé, a comunicarse en paz y amor.

Enero de 2003

Primera parte: Antes de empezar...

Capítulo 1

LOS MÚLTIPLES BENEFICIOS DEL MASAJE PARA BEBÉS

> *Si queremos alcanzar la paz en el mundo, deberemos empezar con los niños.*
>
> Gandhi

Realizar un masaje a tu hijo es una de las cosas más positivas y «nutritivas» que puedes hacer por él. Los beneficios son mutuos. En este libro aprenderás todo cuanto debes saber acerca de las mil y una formas maravillosas en las el masaje contribuye al desarrollo físico, cognitivo y emocional del bebé. Ten por seguro que también tú saldrás beneficiado. Sí, ya lo sé, es probable que pases todo el día apresurado y escaso de horas de sueño. Tal vez estés pensando: «¿Cómo voy a aprender a dar masajes a mi hijo? ¿Voy a tener tiempo?».

¡Buenas noticias! El masaje ayudará a que duerma mejor y más profundamente, lo cual significa asimismo más horas de sueño para ti. Una madre que daba masajes rutinarios a su hija durante cinco o diez minutos antes de acostarla me dijo que ese ritual nocturno «ha contribuido a sentirme mejor conmigo misma y a mejorar mi calidad de vida».

Por otra parte, si eres un nuevo padre, el masaje también contribuirá a reducir tus preocupaciones en relación con tu capacidad para satisfacer las necesidades del niño. A decir verdad, muchas nuevas madres me comentan que se sienten mucho más relajadas después de haber realizado un masaje relajante al bebé. Asimismo, el masaje estrecha los lazos afectivos, algo particularmente importante para los pequeñines que tienen que permanecer algún tiempo en el hospital después del nacimiento, mejorando el vínculo paternofilial.

La rutina de masaje que te enseñaré es segura y adecuada para la mayoría de los bebés, pero no dudes en consultar al pediatra para que dé su consentimiento antes de hacerlo. En algunos casos, el masaje no es aconsejable.

La rutina que aprenderás en la segunda parte de este libro es muy simple, aunque eficaz, y se ha transmitido de madres a hijas en India a lo largo de los siglos. Sus cualidades relajantes son incomparables. Seguir la secuencia recomendada te permitirá olvidar el «cómo» (excesivamente difícil para los padres que suelen dormir poco) y fluir con el ritmo. Asimismo, la creación de una rutina de masaje hace que el bebé se sienta más protegido y más seguro en su entorno.

Si te preocupa «hacerlo bien», relájate. Las instrucciones paso a paso de este libro convertirán toda la «dureza» del aprendizaje en pura anécdota. He diseñado el libro y el body de masaje para padres sin experiencia en técnicas de masaje. Este método te enseñará a aplicar las manos de una forma más sutil, rítmica y delicada. Aprenderás una rutina de masaje básica pero completa que empieza con las piernas del bebé, continúa sistemáticamente en el vientre y el pecho, y finaliza con la espalda. Durante el proceso, te enseñaré a adaptarla a las necesidades especiales de tu hijo. Cuando te hayas familiarizado con el masaje básico, te explicaré algunos toques especiales que puedes añadir para acelerar la curación en el caso de que padezca algún trastorno de menor importancia (indigestión o estreñimiento).

Es muy probable que tu pequeñín se sienta como pez en el agua. Mientras se desarrolla en el útero, el movimiento del líquido amniótico y de los órganos internos de la madre le proporcionan una especie de masaje durante los nueve meses de embarazo. Asimismo, las contracciones durante el parto lo someten a un intenso «masaje» en su periplo a través del canal uterino, indicando a los pulmones el momento en el que el niño debe empezar a respirar por sí mismo. Ésta es una de las razones por las que los niños que han nacido por cesárea son más propensos a desarrollar trastornos respiratorios. Las comadronas y masajistas terapeutas describen el parto como el mejor masaje en la vida de un ser humano. Dado que el niño en el útero está sometido a una constante estimulación externa durante los nueve meses de gestación y del parto propiamente dicho, el masaje del bebé proporciona un extraordinario potencial de relax y sosiego al recién nacido. Es una forma excelente de hacerlo sentir confortable y seguro.

Cuando hayas obtenido la autorización del médico, la rutina de masaje deberá ser diaria, por lo menos hasta los seis o nueve meses. A partir de ese momento, puedes reducir su frecuencia a un par de veces por semana. Observa detenidamente cualquier señal que indique una sobreestimulación. Cada bebé es único. Descubre cuántas caricias, masaje, comunicación verbal y otros aportes sensoriales necesita prestando atención a sus respuestas. Fíjate en si trata de eludir el contacto visual, si parece nervioso o muestra algún síntoma de desagrado. En tal caso, interrumpe la rutina y deja que descanse.

Beneficios para el bebé

Estudios clínicos han evidenciado que un masaje regular supone una ventaja física, emocional e intelectual que se prolonga a lo largo de toda la vida. Las investigaciones sobre los beneficios del masaje infantil se vienen realizando desde la década de 1970, y los resultados han sido tan positivos, que en la actualidad muchas nurserías en centros hospitalarios lo incluyen en sus programas para neonatos, organizando cursillos para los padres sobre masaje para bebés.

Un reciente estudio efectuado en la Universidad de Miami ha demostrado que los niños que reciben masajes se muestran más activos y alerta, además de presentar un desarrollo neurológico más rápido que los que no reciben esta atención. El masaje ayuda al bebé a superar la posición fetal con el estiramiento de los músculos y las articulaciones, desarrolla su flexibilidad y fomenta la coordinación de sus movimientos. También ha demostrado ser muy eficaz en el aumento de peso y el desarrollo de la consciencia corporal.

El masaje para bebés es especialmente útil en los bebés prematuros. En un reciente estudio realizado por la Dra. Tiffany Field en el Touch Research Institute de la Universidad de Miami, veinte bebés prematuros sometidos a un masaje de quince minutos tres veces al día durante dos semanas aumentaron un 47 % más de peso que otros a los que no se practicó masaje alguno. Asimismo, se les dio el alta hospitalaria seis días antes. Esta sencilla intervención ahorró más de diez mil dólares por niño al hospital.

Por otro lado, el masaje infantil también puede acelerar la curación. Otro estudio de la Universidad de Miami confirmó resultados positivos derivados del masaje en niños con dermatitis atópica, una condición en la que la piel se irrita, enrojece, infecta e inflama, concluyendo que el masaje con aceite combinado con medicación tópica ordinaria, como en el caso de un 1 % de crema de hidrocortisona, acelera el alivio en el pequeño. En casa, también puedes obtener buenos resultados cuando utilizas el masaje infantil para contribuir a la curación de condiciones comunes tales como el acné del recién nacido y la piel agrietada.

Asimismo, el masaje tranquiliza al niño cuando empieza a desarrollar la dentición, indicando al cerebro el momento en que debe liberar hormonas que lo ayuden a soportar mejor el dolor.

Y hablando de curación, el masaje del bebé también ayuda a sintonizar con el lenguaje corporal del pequeñín y a interpretar sus estados de ánimo y necesidades. A medida que te vayas familiarizando mejor con la sensación de las caricias en la piel de tu hijo mediante masajes regulares, serás más capaz de detectar cambios y de descubrir trastornos en un estadio precoz. Muchas de estas señales inexpresadas de incomodidad se prolongan a medida que el bebé va creciendo: una ligera inclinación de la cabeza, una forma especial de tenerlo en brazos cuando está enfermo, triste o disgustado, etc. Aprenderás a ver una infinidad de cosas que tu hijo es incapaz de verbalizar, lo cual resultará muy valioso en los años futuros.

El masaje infantil también alivia el estrés. Cuando tocas al bebé, se relaja de inmediato. Cuando lo acaricies y le hables observarás que hace ruiditos «felices». Es un síntoma de bienestar. Un suave masaje y algunas palabras cariñosas y reconfortantes crearán armonía y plenitud, ayudando al niño a sentirse menos irritable, respondiendo a una atención multisensorial suficiente.

Beneficios para el bebé

Algunos aspectos beneficiosos derivados del masaje del bebé:

Estimula la comunicación y estrecha los vínculos paternofiliales.

Relaja el sistema nervioso del niño.

Reduce el nerviosismo y la irritabilidad.

Mejora y regula la función respiratoria, circulatoria y gastrointestinal.

Alivia los efectos dolorosos de la retención de gases y el estreñimiento.

Reduce los cólicos.

Fomenta un aspecto de salud corporal.

Reduce la producción de hormonas del estrés.

Reduce el dolor asociado al desarrollo de la dentición.

Ayuda al bebé a dormir más y mejor.

Mejora el tono muscular y las habilidades motrices.

Acelera el aumento de peso.

Estimula el sentido del tacto del pequeñín y proporciona un sinfín de fascinantes experiencias sensoriales.

Reduce la ansiedad por la separación en los cuidados diarios.

Beneficia a los bebés prematuros durante su permanencia en el hospital.

Beneficios para el bebé

Beneficia a los niños con necesidades especiales cuyos trastornos mentales, visuales, de oído o de desarrollo dificultan la interrelación.

Estimula el desarrollo cerebral y contribuye al crecimiento mental.

Estrecha los vínculos paternofiliales. Aumenta la confianza en los padres.

Reduce la depresión post-parto y el nerviosismo, que pueden influir indirectamente en el estado de ánimo del niño.

Fomenta la intimidad, comprensión e interrelación de los padres con su hijo.

Mejora la comunicación con el bebé.

Implica a los padres de una forma íntima.

Ayuda a los padres de bebés prematuros y con necesidades especiales que deben permanecer ingresados durante algún tiempo en el hospital a restablecer su relación afectiva con ellos después del parto.

Ayuda a los padres en los cuidados diarios del bebé.

Proporciona un momento especial y exclusivo para la interacción.

Mejora la comprensión paterna de las señales no verbales del niño.

Aumenta la capacidad de los padres de tranquilizar a un niño enfermo o nervioso.

Mejora el comportamiento de interrelación íntima, sobre todo para las madres jóvenes que tienen dificultades para asumir sus nuevas responsabilidades.

Las madres que trabajan pueden restablecer la conexión con su hijo a través del masaje después de una larga jornada laboral.

La importancia del tacto

Innumerables estudios han demostrado que el tacto positivo es crucial para el desarrollo del niño. Para un recién nacido incapaz de comprender el lenguaje, tocar es hablar. Esto es muy importante en una época en la que los padres están muy ocupados y es probable que dejen al pequeñín durante largos períodos de tiempo a cargo de un cuidador, guardería u otros miembros de la familia para que se ocupen de ellos. Pero no olvides que el contacto físico es fundamental para el desarrollo óptimo de tu hijo.

Los padres cuya agenda de trabajo no les permite abrazar, mecer y acariciar al bebé durante horas descubrirán que el ritual del masaje después de las obligaciones profesionales los ayuda a reconectar con él, relajarse y estrechar sus vínculos afectivos. Te animo a que consideres el masaje infantil como una vitamina diaria que «nutre» el cuerpo, la mente y el espíritu del niño, además de fortalecer la unidad familiar. ¿Qué otro don más precioso podrías ofrecerle?

Interrelación a través de los sentidos

> *El establecimiento de vínculos indisolubles con un bebé es un proceso a largo plazo, no sólo un momento mágico.*
>
> T. Berry Brazelton

La relación entre un padre y su hijo puede ser uno de los vínculos más fuertes y significativos en el ser humano. Todos los bebés y las madres poseen recursos naturales e instintos que fomentan este proceso desde el mismísimo nacimiento del bebé. Pero ¿cómo se crea exactamente este vínculo? Examinemos el proceso a través de cada uno de los sentidos.

Olfato: El recién nacido es capaz de percibir el olor del pezón de su madre. En efecto, si se le deja en el abdomen de la madre, se moverá lentamente hasta sus senos y empezará a succionar. Cuando la madre está cerca de su hijo, su cuerpo emite oxitocina, una hormona materna, a la que se conoce como «reflejo de nutrición», y prolactina, que estimula la producción de leche.

Sonido de la voz: Tu hijo ha aprendido a distinguir tu voz entre un millón desde el séptimo mes de gestación. Algunas investigaciones demuestran que un neonato incluso es capaz de reconocer la diferencia entre el lenguaje de su madre y el de un extraño. Su capacidad para procesar y responder al sonido se desarrolla alrededor del cuarto mes en el seno materno.

Contacto visual: Un estudio británico realizado en el año 2002 sugiere que los recién nacidos saben, a partir del segundo día de vida, cuando alguien los está mirando. Esto significa que el contacto visual puede ser una respuesta autogenerada en lugar de algo aprendido. Un estudio en Londres concluyó que la función cerebral mejoraba considerablemente en los niños de cuatro meses con el contacto visual con adultos.

Los bebés enfocan los objetos a 18-30 cm, es decir, la distancia en la que lo tienes cómodamente en brazos. Asimismo, es la distancia ideal para la interacción cara a cara durante un masaje.

Tacto: En los primeros estadios de la vida, tu hijo busca en ti protección y familiaridad. Cuando te aproximas a él, empieza a reconocerte como el cuidador que lo reconforta. Y cuanto más relajado estés, mejor responderá el niño. El masaje es una forma extraordinaria de recrear la experiencia uterina.

Masaje para bebés:
¡toda una ayuda para la familia!

> *Aprender a hacer un masaje a mi hijo y ver sus reacciones ha sido gratificante. Ahora sé perfectamente lo que debo hacer para tranquilizarlo cuando está nervioso o disgustado. Me hace sentir un padre mejor.*
>
> Rich, padre de Derek, de 11 meses

Me quedaría corta si pretendiera enumerar todos los aspectos positivos derivados del masaje infantil en situaciones específicas y relaciones familiares igualmente específicas. Ya he mencionado que podría ayudar a aliviar el nerviosismo característico de los padres primerizos y a desarrollar un profundo vínculo paternofilial. Veamos ahora otras formas en las que también resulta beneficioso:

Desarrolla confianza en una madre joven o una mujer aquejada de depresión posparto. Las madres que se sienten inseguras acerca de su capacidad para ser una buena madre se beneficiarán de un impulso de confianza a partir del aprendizaje de esta sencilla rutina de masaje, la cual asimismo se puede hacer extensible a otras áreas de la maternidad. Lo más destacado del masaje infantil es su carácter extremadamente gratificante, pero no requiere más de 15-20 minutos al día.

Ayuda a un padre exhausto a relajar a un niño nervioso o que llora. El masaje alivia a aquellos bebés que experimentan el malestar de los trastornos comunes de la más tierna infancia. Recuerda que tu hijo no comprende por qué se siente mal y que carece de palabras para expresar sus necesidades. De ahí que llore. El masaje le dice que no está solo. Asimismo, puede proporcionar un alivio eficaz en trastornos como los cólicos. Una de mis clientes me dijo que tras haber realizado el primer masaje a su hijo, que sufría cólicos, se sintió mucho más capaz de tranquilizarlo cuando lloraba. Y no olvides algo muy importante: si el bebé duerme, ¡tú también!

Proporciona a los padres una forma de alimentar físicamente al bebé. El vínculo afectivo que se establece entre el bebé y su madre que lo alimenta puede hacer que el padre se sienta marginado. El masaje le proporciona una forma excelente de participar regularmente en el cuidado activo y la alimentación de su hijo. Los padres que hacen masajes a sus pequeñines llegan a conocerlos de una forma muy especial. El tamaño de las manos no importa. Cualquier padre puede hacerlo y cualquiera puede aprender estas técnicas.

El masaje también estimula el rol de hermano de los hijos mayores. Habida cuenta de la extremada atención que necesita un recién nacido, a menudo los hijos mayores también se sienten desplazados. Participar en el masaje puede solucionar el problema. Se sentirán importantes.

Mejora el estado de ánimo y reduce la ansiedad de los abuelos. Los miembros de la familia de edad avanzada también deberían participar en las sesiones de masaje del bebé. La oportunidad de tocar y ser tocados constituye una terapia excelente para ellos. En un estudio realizado por el Touch Research Institute, los abuelos que daban masajes a sus nietos mostraban menores síntomas de depresión, un mejor estado de ánimo y menos ansiedad, además de niveles más bajos de hormonas relacionadas con el estrés.

Es esencial para fortalecer los vínculos afectivos entre los padres y los bebés con «necesidades especiales». Si tu hijo tiene necesidades especiales y el médico ha dado su autorización para que realices sesiones de masaje a tu hijo mientras aún está en el hospital, no lo dudes, hazlo. El masaje infantil también puede aliviar en gran medida tu estado de ansiedad relacionada con tu capacidad para hacer frente con éxito a las exigencias de la paternidad de un bebé tan especial. La mayoría de los nuevos padres con los que he trabajado me han comentado que se sentían tensos al tener en brazos a su hijo durante las primeras semanas. Es normal. Poco a poco, a medida que vayas aprendiendo las diferentes formas de interactuar físicamente con él, el nerviosismo irá desapareciendo. El masaje es una de las formas más placenteras de adquirir confianza en la capacidad personal de responder positivamente a las necesidades del pequeño.

Más adelante, cuando puedas llevarte al bebé a casa, el masaje seguirá fomentando los vínculos de unión, lo cual es especialmente cierto en el caso de niños con trastornos cognitivos, de visión o audición, que a pesar de todo, también responden al tacto, proporcionando a los padres el tipo de comunicación íntima que tanto ansían. Por lo demás, esta respuesta física ofrece a los padres la seguridad de poder disfrutar de una conexión mutua con su hijo.

Orígenes del masaje para bebés

El médico debe profundizar y experimentar con muchas cosas, pero muy especialmente con el contacto físico.

Hipócrates

El masaje para bebés no es una moda pasajera. En realidad, es una de las artes más antiguas practicadas en todo el mundo. Los padres en culturas tan diversas como la irlandesa y sudafricana han transmitido sus propias rutinas de masaje de generación en generación. Por su parte, los chinos han utilizado este tipo de masaje desde tiempos remotos.

Per Heinrik Ling, el científico sueco conocido como el padre del masaje en su país, trajo métodos de masaje de China y divulgó sus descubrimientos en toda Europa con un inusitado entusiasmo. Al mismo tiempo, si no antes, los chinos estaban perfeccionando el masaje para trastornos tales como el cólico, la diarrea e incluso la incontinencia urinaria en la infancia. Aun así, no existe la menor duda de que los padres chinos ya practicaban masajes a sus bebés mucho antes de estos refinamientos «modernos».

En India, los niños han recibido masajes durante siglos desde el mismísimo día de su nacimiento. De ello se encargan las mujeres de la familia. La rutina consiste en dos sesiones al día y se coloca al pequeñín entre las piernas estiradas de la madre. Se aplica agua tibia y jabón en piernas, brazos, espalda, y luego, en abdomen, cara y cuello. A diferencia del masaje suave que recomienda este libro, en India la acción es muy enérgica. A continuación, la madre envuelve al niño en una sábana y éste duerme durante largas horas. El masaje continúa siendo una rutina habitual cuando los niños ya son mayorcitos.

En Nigeria, las madres frotan el cuerpo del bebé con una esponja de lufa empapada en una solución de agua con hierbas. Al acostumbrarlos al masaje desde una tierna edad, los niños comprenden la importancia del tacto y de utilizarlo para mantener la salud de los miembros de la familia. Al compartir con él la sensación del tacto, le estás enseñando una técnica que podrá utilizar en el futuro para cuidar de sí mismo y de los demás

En occidente, el masaje para bebés está adquiriendo una creciente popularidad. Muchos balnearios organizan cursos de masaje infantil. Asimismo, innumerables estudios han destacado hasta tal punto la importancia del tacto, que actualmente muchas nurserías en centros hospitalarios incluyen el masaje para bebés en sus programas para neonatos y ofrecen formación en sus técnicas como un aspecto más de sus programas educativos para padres, ayudándolos así a fomentar el bienestar y los vínculos afectivos entre padres e hijos. Los resultados han sido muy positivos. Dado que éste en un libro eminentemente práctico, también tú serás capaz de experimentar personalmente los resultados.

Capítulo 2

> *Los grandes logros siempre están precedidos de una sencilla preparación.*
>
> Roger Staubach

Ahora que ya sabes cuáles son los posibles beneficios del masaje para bebés, tanto para el niño como también para el cuidador, es más que probable que estés ansioso por empezar. Pero antes de enseñarte las técnicas y la rutina de masaje, debes tener en cuenta algunos preparativos esenciales. Aprenderás a identificar el área del masaje, qué enseres debes tener a mano, qué debes hacer para afrontar las sesiones con el estado mental apropiado, cómo elaborar aceites curativos ideales para las necesidades de tu hijo y la forma de determinar cuál es el mejor momento para darle el masaje. Con una preparación adecuada, ambos disfrutaréis de una maravillosa experiencia juntos.

Elección del área del masaje

Los bebés se relajan más fácilmente en un entorno cálido. Elige una habitación caldeada y tranquila. Si te preocupa que la habitación no sea lo bastante cálida, pon una bolsa de agua caliente debajo de la manta cerca de los pies del pequeño. Asimismo, puedes utilizar una esterilla eléctrica con una sábana o mantita encima para mantener un nivel constante de calor. Procura que no esté demasiado caliente.

Una tela de borreguito es incluso más recomendable que una manta o una sábana, ya que la superficie de lana proporciona una suave estimulación. Se ha demostrado que su uso en el masaje puede mejorar las pautas de sueño del bebé. ¡Si no encuentras borreguito natural, no utilices fibra artificial! Es fácil de arrancar y el pequeño podría llevárselo a la boca.

Coloca el borreguito en el suelo, en el cambiador o en la cama. Tal vez desees experimentar un poco para determinar qué habitación y lugar es más confortable para ambos. Con niños muy pequeñines, podrías sentarte en el suelo con las piernas extendidas, las rodillas ligeramente separadas, los talones juntos y la espalda apoyada en un cojín o una silla. Emularás una especie de «cuna» entre las piernas. Coloca unas cuantas mantas en esa «cuna» y pon al bebé mirando hacia ti. Le proporcionará calidez y una sensación de seguridad. Además, lo tendrás a la distancia correcta de enfoque de visión de tu hijo y al alcance de las manos.

Cuando hayas encontrado el lugar apropiado para ambos, hazlo siempre allí. Cuanto más familiar le resulte la atmósfera, mejor responderá el niño. Fuera de casa, usa la misma mantita, aceites, etc. para que asocie el masaje a su entorno acostumbrado.

Para crear el ambiente correcto, pon música relajante de fondo. Estudios recientes han demostrado que los bebés responden muy bien a la música clásica de Mozart y Beethoven. En la actualidad se venden CD con títulos tales como «Mozart para bebés» y «Beethoven para bebés». El libro de Don Campbell *The Mozart Effect* cita estudios que demuestran que la música de este compositor ayuda al niño a desarrollar la creatividad, el lenguaje y el pensamiento asociado al hemisferio izquierdo del cerebro.

Alternativamente, podrías cantar suavemente mientras realizas la rutina de masaje. Algunos investigadores que estudian el comportamiento de los niños aseguran que cantar estimula más el cerebro que la música sin texto, al tiempo que fomenta el desarrollo del lenguaje. No te preocupes demasiado si no afinas. Lo importante es prestar atención a cómo responde tu hijo a los diferentes sonidos y notas, y elige los que ofrezcan resultados más positivos.

Respecto a la luz, es preferible optar por un entorno en semipenumbra que la luz del sol. Tal vez evoque la oscuridad del confortable útero materno. Para acondicionar aún mejor si cabe el ambiente, utiliza un par de consejos de Feng Shui, el arte oriental de la ubicación. La mejor situación de la parte de la casa destinada al masaje diario es el sector de la habitación encarado al oeste. Según los expertos en Feng Shui, el oeste de una habitación o una casa es el área que mejor alimenta el sentido de paz y armonía del niño, además de potenciar la suerte. Acondiciona el entorno con accesorios decorativos dorados, blancos, amarillos y plateados para mejorar el flujo del Chi (energía de la vida).

Por cierto, también puedes utilizar este sistema para determinar dónde debería dormir el bebé. Si quieres fortalecer su salud física, colócalo con la cabeza apuntando al norte del dormitorio; para que disfrute de un sueño profundo, oriéntalo al sur; y para que descanse es aconsejable encararlo al oeste. En edad escolar, vuélvelo de manera que la cabeza esté mirando al este. Se despertará por la mañana despejado y pletórico de energía.

Enseres necesarios

Ahora que ya sabes cuándo y dónde, el paso siguiente consiste en reunir unos cuantos utensilios que facilitarán el masaje y lo harán más placentero. Algunos padres incluso destinan una bolsita de masaje especial para este menester. Vemos algunos de los enseres que necesitarás:

BABY MASSAGE SHIRT™

La forma más fácil de aprender las técnicas que se describen en este libro es practicarlas varias veces con mi body de masaje para el bebé. En pocos días te sentirás lo bastante cómoda como para probarlo con tu hijo sin utilizar el body a modo de guía. Ten por seguro que disfrutarás del contacto piel a piel con el pequeño, y quizá lo más importante, con las sonrisas y reacciones positivas con las que te recompensará.

«Tranquilizador»

Vas a necesitar un «tranquilizador» (objeto con el que el bebé se siente protegido teniéndolo cerca) cubierto con una toalla, algo que el niño tenga a su lado y que le resulte muy familiar como para sentirse a gusto y protegido. Personalmente, me gusta un chal o echarpe de lana. Colócalo frente a ti.

Toallas y pañales

Ten a mano unas cuantas toallas y pañales adicionales. Dado que el bebé aún no controla la vejiga y le harás un masaje sin ropa ni pañales que limiten sus movimientos, tal vez los necesites para limpiarlo en caso de «accidentes» ocasionales. (Ni que decir tiene que también puedes realizar el masaje con el pañal puesto si te sientes más cómoda.) Al igual que los adultos, los bebés orinan y evacuan más fácilmente cuando están relajados. ¡Estate preparada! De este modo no tendrás que apresurarte e interrumpir el contacto. Límpialo y continúa.

Alimentación

A menudo, el masaje estimula al niño hasta tal punto que, una vez terminado, tiene mucho apetito. Prepárate para darle el pecho o el biberón.

Diario de masaje

Aunque no es «esencial», te recomiendo llevar un diario especial de las experiencias de masaje de tu bebé. Anota cuándo lo hiciste, los problemas que se hayan presentado, las respuestas especiales del niño, etc. Si lo consultas con regularidad, te familiarizarás con los biorritmos del niño y comprenderás mejor lo que le gusta y lo que le disgusta. Asimismo, en el futuro podrás regalárselo para que lo tenga en cuenta cuando tenga hijos. Después de todo, tu diario es un registro de las atenciones que le ofreciste durante los primeros meses y años de vida. ¡También le servirá para aprender, de adulto, qué tipo de contactos físicos son una fuente inagotable de «felicidad»!

Aceite para masaje

El aceite para masaje asegura un contacto y una acción fluida de las manos sobre la piel de tu hijo. También puede aliviar las irritaciones provocadas por los pañales, la inflamación de la piel y la formación de escamosidades secas blanquecinas o amarillentas en el cuero cabelludo del recién nacido.

Recomiendo un aceite natural a base de frutas o verduras (consumibles) en lugar de aceites comerciales para bebés. Las marcas comerciales se elaboran con una base inorgánica de petróleo que puede perjudicar el tracto digestivo si el niño succiona el dedo. Por otro lado, los aceites minerales resecan la piel y obturan los poros. Dado que la piel del bebé es extremadamente sensible y delicada, aconsejo un aceite ligero y texturado, como por ejemplo el de semilla de uva, que puedes encontrar en la mayoría de las tiendas de productos naturales. También puedes utilizar aceite de almendra o de sésamo, pero ten cuidado con este tipo de aceites; algunos bebés son alérgicos a las bayas. Todos los aceites hidratan la piel y ayudan a retener las vitaminas y minerales que mantienen la piel del niño suave y sana.

Cualquiera que sea tu elección, ten en cuenta el aroma. Cuanto menos aromático, tanto mejor, por lo menos en los primeros meses. Los aceites inodoros dejan que el pequeño perciba el propio olor de la madre, que fortalece el vínculo maternofilial.[1]

Cuando tu hijo tenga dos o tres meses, te recomiendo añadir unas cuantas gotas de aceites esenciales relajantes a una base de aceite sin fragancia. Esto potencia el masaje con aromaterapia, una modalidad de curación que utiliza los extractos aromáticos de las plantas para fomentar la relajación, además de tratar una amplia gama de trastornos. En realidad, es muy fácil añadir este elemento al masaje del niño; basta añadir algunas gotitas de aceite esencial de calidad a la base de aceite inodoro. Los bebés y niños algo más mayorcitos responden especialmente bien a un suave masaje con disoluciones débiles de aceites esenciales puros bien seleccionados. El masaje de aromaterapia puede tranquilizar a los niños que lloran con insistencia o que tienen dificultades para comer o dormir.

Cuando uses aceites esenciales para el masaje, dilúyelos en una base de aceite inodoro, como por ejemplo aceite de almendra, añadiendo tres gotas de aceite esencial por cada dos cucharadas de aceite base. Aplica siempre una gota de aceite diluido en una pequeña área de la piel del bebé antes de darle el masaje, y déjalo durante media hora para descartar una posible reacción.

ADVERTENCIA: Los aceites esenciales están muy refinados y siempre se deben diluir en una buena cantidad de aceite de almendra o de sésamo. No utilices más de dos o tres gotas de aceite esencial por cada dos cucharadas de aceite base. Ten en cuenta, sin embargo, que los niños pueden presentar reacciones alérgicas al igual que los adultos. Así pues, antes de aplicarlo en un masaje, haz una prueba en una pequeña área de la piel una vez diluido. Espera algunas horas para comprobar si aparece algún enrojecimiento u otras reacciones (estornudos, etc.). En tal caso, tenlo en cuenta y no uses ese tipo de aceite en el futuro.

Tampoco es recomendable aplicar el aceite directamente en la piel del bebé. Póntelo en la mano, caliéntalo un poco con una ligera fricción y luego realiza el masaje.

1.   Consejo útil: Puedes utilizar tu propio olor para tranquilizar al bebé recortando, de una camiseta o una bata (algo suave), un pequeño cuadrado de tela del tamaño de un pañal. Conviértelo en un vestidito para sus peluches preferidos, en una pelota de peluche o en una almohada, procurando siempre que su tamaño sea lo bastante grande como para que no pueda tragarlo. A partir de los seis meses, es aconsejable que dejes este «tranquilizador» al alcance de su mano en tu ausencia.

Elección del aceite esencial adecuado para tu hijo

Aun a riesgo de repetirme, recuerda que debes diluir los aceites esenciales, utilizando una o dos gotas por cada dos cucharadas de aceite para masaje. La menta, el té y el eucalipto, muy especialmente, pueden perjudicar la piel del bebé a menos que se hayan diluido correctamente. Haz siempre una prueba con una gotita de solución varias horas antes del masaje. Si le causa alguna reacción, no lo uses.

Lavanda. Antiséptico, analgésico y relajante. Este aceite es muy apreciado por sus propiedades curativas y se recomienda para relajar y curar pequeñas quemaduras y picaduras de insectos.

Manzanilla. Tranquiliza y relaja los nervios. Es ideal para pieles sensibles. Su efecto es tranquilizante y relajante. Haz un masaje en el vientre del niño para facilitar la digestión, y si lo aplicas en las mejillas, puede aliviar el dolor de las encías. De todos los tipos diferentes de manzanilla, la romana (*Anthemis nobilis*) es la más apropiada para la piel del bebé por su carácter no tóxico.

Eucalipto. Este aceite es excelente como descongestivo. Si se diluye correctamente y se aplica con un suave masaje en la espalda o pecho del pequeñín antes de acostarse, lo ayudará a dormir y respirar mejor. Está especialmente indicado en caso de enfriamiento o tos.

Menta. Es relajante y tranquilizador. Si se diluye correctamente, da excelentes resultados cuando se frota en el vientre del bebé; alivia el malestar derivado de la retención de gases y otros trastornos digestivos.

Árbol del té. Es un aceite antiséptico, germicida, fungicida, relajante y curativo. No es tóxico, y a pesar de sus propiedades antisépticas y antibacterianas, no irrita la piel. Se recomienda para relajar al bebé y curar heridas, infecciones y erupciones cutáneas.

Rosa. Aceite antiséptico y relajante. Es caro, aunque sólo se necesita una pequeña cantidad. Es excelente por sus extraordinarias propiedades reconstituyentes. Se asocia al amor y el corazón. Reblandece la piel y no es tóxico.

Naranja dulce. Aceite que potencia la energía y mejora el estado de ánimo (se dice que fomenta la alegría).

Mirra. Aceite suavizante recomendado para mejorar la respiración. No es tóxico, y se aconseja para aliviar inflamaciones de los conductos bronquiales y expulsar mucosidad. Es particularmente beneficioso cuando el niño está resfriado.

Aromaterapia rápida
Viejas recetas de aceite para masajes

Para relajar profundamente al bebé

50 ml de aceite de semilla de uva
Añade 1 cucharada de manzanilla, lavanda y geranio

Dolor de encías: Utiliza 1 gota de lavanda (*Lavandula augustifolia*) o 1 gota de manzanilla romana (*Anthemis nobilis*) diluida en 5 ml de aceite de almedra dulce (*Prunus amygdalus*). También puedes usar el contenido de una cápsula de aceite de prímula (*oenothera biennis*) (aprox. 5 ml). Realiza el masaje en la línea mandibular y el área del cuello. ¡Evita la boca y los ojos!

Para combatir el estrés y el nerviosismo

Yo solía echar una o dos gotas de lavanda francesa en una toallita y colocarla en la cuna, cerca de la cabecita de mi hija. En casos «desesperados», le daba un masaje echando 1 gota de lavanda francesa en las manos y luego aplicándola a las sienes, frente y manos. No estoy segura de si realmente funcionaba, pero lo cierto es que... ¡a mí sí me tranquilizaba en momentos de estrés extremo!

Para conciliar el sueño

Para establecer una buena pauta de sueño, echa 1 gota de lavanda francesa y 1 gota de manzanilla romana en un difusor o vaporizador y colócalo en el dormitorio del niño media hora antes de acostarlo. Cierra la puerta para que los vapores no se escapen. Retíralo o por lo menos ciérralo una vez acostado.

CONSEJOS ÚTILES

- Los niños responden muy bien a pequeñas cantidades de aceites esenciales. La aromaterapia puede ser muy útil en los niños irritables.

- Si quieres adaptar una receta de aromaterapia para adultos, recuerda que la piel de tu hijo es mucho más sensible que la tuya. No uses más de dos o tres gotitas de aceite esencial por cada dos cucharadas de aceite base de almendra o de sésamo.

- Si añades aceites esenciales al baño, mezcla la cantidad adecuada de gotas en 500 ml de agua, agítalo bien y luego échalo en el agua del baño. Usa sólo aceites especiales para niños, tales como lavanda, árbol del té (aceite de manuca), geranio y rosa.

- Cuando pulverices o quemes aceites esenciales en el dormitorio del pequeño, usa la mitad de la dosis recomendada para adultos.

- Guarda siempre los frascos de aceites esenciales fuera del alcance de tu hijo.

Prepárate para el masaje

Antes de empezar el masaje, lávate a fondo las manos y las uñas, asegurándote de que éstas no están demasiado largas o con indentaciones. Quítate el reloj, anillos, brazaletes, etc. si tienen los bordes agudos.

Ahora relájate. El bebé percibirá si estás nerviosa o incómoda. Evita los masajes si estás enferma o extremadamente cansada.

Recuerda que cuanto más tranquila estés y más a gusto te sientas, mejor responderá y se relajará el niño. En cualquier caso, no hay motivo alguno para estar nervioso o preocuparse por el masaje que vas a darle a tu hijo. Los métodos no son difíciles ni requieren un esfuerzo excesivo. Los músculos de los bebés retienen muchísimo la tensión acumulada, de manera que sólo deberás aplicar la presión necesaria para reconfortarlo y estimularlo. Con el tiempo aprenderás a confiar en tus instintos y a dejar que tus manos y las reacciones del pequeñín te guíen.

Los primeros meses de la nueva maternidad están presididos por un considerable estrés. Notarás que tu cuerpo se tensa cuando el bebé llora, o tal vez contendrás el aliento durante unos segundos y apretarás los párpados. Esto es debido en parte a que estás fatigada, y también a que tu cuerpo está aprendiendo una rutina completamente nueva destinada a mantenerte permanentemente alerta ante cualquier cambio, alteración o reacción de tu hijo. Desde luego, es perjudicial incorporar este tipo de tensión al masaje del bebé.

A algunos padres les da buenos resultados tomar una ducha o baño caliente (con o sin el niño) antes de hacer el masaje; les alivia el estrés, mientras que otros prefieren un breve paseo o unos minutos de meditación. Otros optan por el yoga y los estiramientos. La relajación muscular alivia la tensión y el dolor corporal. Con la práctica encontrarás el enfoque más apropiado según tus necesidades. En cualquier caso, no te preocupes demasiado. Procura simplemente no comunicarte negativamente con tu hijo.

Una vez relajada, ponte en posición. A medida que el niño crece y empieza a moverse de un lado a otro, es posible que desees probar con las posiciones citadas anteriormente. Para mí, la más cómoda era sentada al estilo indio en la cama, con la espalda apoyada en varias almohadas firmes, y el bebé echado frente a mí. Independientemente de la posición que elijas, procura disponer de una superficie firme al alcance de la mano (una mesita, por ejemplo). Deja en ella el frasco de aceite para que no se derrame.

POSICIONES BÁSICAS PARA EL MASAJE

1. Siéntate en el suelo o en una cama con las piernas cruzadas y el bebé frente a ti. Coloca un «tranquilizador» y una toalla también frente a ti y echa a tu hijo de espaldas, mirando hacia ti, a una distancia equivalente a un brazo extendido.

2. Siéntate en un sofá con las piernas juntas y cúbrelas con una toalla. Las piernas deben estar paralelas y juntas. Echa al bebé de espaldas, mirando hacia ti y apoyado en las piernas.

3. Si prefieres estar de pie, acomoda al niño en el cambiador o en una mesa en la que estés lo bastante cómoda como para no tener que encorvarte demasiado. Ponte encarada al pequeñín. **Si eliges esta opción, asegúrate de que el niño no puede rodar y caerse mientras coges el frasco de aceite o cuando tienes las manos resbaladizas.**

Antes de empezar...

Recuerda que la piel del bebé es extremadamente sensible. No hay nada peor que unas manos frías cuando intentas relajarlo o darle de comer. Así pues, antes de iniciar el masaje, úntate las manos y frótalas para que se calienten. Daré dos consejos a los padres para que estén seguros de que tienen las manos calientes (¡personalmente, siempre tengo las manos frías!). Primero, antes de empezar, me lavo las manos con jabón y agua muy caliente, pasándolas repetidamente por debajo del chorro. Y segundo, me gusta poner un frasco de aceite en el microondas durante diez segundos. Al sacarlo, agítalo para que el aceite precalentado se distribuya uniformemente por todo el frasco y luego pruébalo echando un poco en la cara interior de la muñeca y comprobar así que no está excesivamente caliente. Cuando te lo eches en las manos, asegúrate de que no está demasiado caliente para el bebé.

Mientras te frotas las manos, mantén el contacto visual con tu hijo y háblale. Recuerda que cuanto dices y todos tus movimientos son una expresión de tu amor. Si empiezas el masaje de esta forma, el niño sabrá a qué atenerse y se relajará.

«Autorización»

Aunque pueda parecer extraño, antes de empezar el masaje deberías «pedir» la autorización del bebé para tocarlo. Aunque creas que los niños de esta edad son incapaces de comprender lo que estás diciendo, si lo haces le estarás demostrando respeto por su cuerpo y límites personales. No olvides que los bebés son muy interactivos; no des por sentado que se sentirá satisfecho.

¿Cómo debes hacerlo? Cuando estéis en una posición cómoda, pon un poco de aceite en las manos y frótalas para que vea lo que estás haciendo. Poco a poco el bebé empezará a identificar este proceso y a anticipar lo que sucederá a continuación: el masaje. Acto seguido, pídele permiso. Sí, por supuesto, es posible que no comprenda tus palabras, pero la intención que subyace debajo de ellas no se debe infravalorar. El niño la percibe, y si tu intención es tranquilizarlo y demostrarle tu amor, lo captará. También es sensible a la forma en la que respondes a sus sentimientos. Procura identificar sus reacciones antes de empezar el masaje.

Ahora fíjate en su respuesta. Abrir los brazos indica vulnerabilidad y confianza. Es una señal de «sigue adelante». Los brazos cerrados, en cambio, son protectores. Experimenta con algunos de los métodos de relajación que se describen en este capítulo para seducirlo y serenarlo. Siempre es preferible esperar a que el bebé acepte de buen grado tu solicitud. Con el tiempo, esto tendrá un efecto muy positivo en su autoestima, que también puedes potenciar con otras afirmaciones durante el masaje, tales como «Eres fuerte» o «Qué bien te sientes».

Básicamente, cuando pides permiso a tu hijo para tocarlo y esperas una respuesta estimulante, le estás enseñando que su cuerpo es privado y que sólo él puede determinar quién, cuándo, dónde y cómo lo puede tocar, lo cual, a su vez, fomenta el sentido de autorrespeto del niño y establece los límites de la confianza e intimidad.

CONSEJOS PARA EL ÉXITO

- No des a tu hijo un «tranquilizador» o cualquier otra cosa durante el masaje. Podría sobreestimularlo, y lo que en realidad pretendes es que se concentre en ti y en el masaje. Sin embargo, todos los bebés son diferentes, y algunos de ellos sí lo necesitan. Aun así, si es posible, intenta evitarlo.

- El masaje debe hacerlo una sola persona. Aunque tus otros hijos quieran ayudarte, sólo conseguirán confundir al pequeño. Dale tiempo para que primero se familiarice contigo, y luego con los demás, siempre de uno en uno. Si alguien desea aprender a dar masajes (un abuelo o un hermano), procura que la transición sea lo más suave posible. Recuerda que la nueva persona, al igual que lo hiciste tú, debería pedirle permiso para tocarlo.

- Ponte siempre en situación. Inspira profundamente, relájate y libera el estrés acumulado durante el día. Si estás tenso, es muy probable que tu hijo también lo esté.

- En el caso de bebés prematuros, el hipo es una señal de estrés. Dado que estos niños son demasiado pequeñitos como para establecer un contacto visual, debes confiar en otras reacciones tanto en el hospital como en casa. Si tiene hipo o trata de evitar el contacto físico, será una clarísima evidencia de sobreestimulación. Pide siempre la autorización del médico antes de hacer masajes a un bebé prematuro, ya que el peso es un factor de seguridad.

- Los padres de niños con necesidades especiales también deben consultar al pediatra antes de iniciar un programa de masaje. Infórmate de los posibles problemas y limitaciones del pequeñín y luego actúa siguiendo estas directrices. El masaje del bebé es íntimo, no terapéutico, y debes saber lo que podría ser contraproducente o intrusivo en relación con sus necesidades exclusivas. También tienes que saber que la respuesta al masaje puede ser diferente de la que se describe en este libro a causa de estas necesidades especiales.

- Los padres adoptivos pueden observar que su hijo evita el contacto visual y que tarda mucho más en estableces un vínculo emocional. En estos casos, llorar durante el masaje forma parte de un proceso de liberación de tensión y malestar, sobre todo cuando le frotas el pecho. Si al hacerlo, llora, reconfórtalo, háblale con cariño y desplaza las manos lentamente desde del corazón en todas direcciones. Con el tiempo, confiará más y llorará menos.

Relajar al bebé para el masaje

Debes confiar en tu instinto para saber lo que tienes que hacer si el llanto no cesa. Existen otras formas de ayudarlo a relajarse para el masaje y tal vez éste podría ser el momento más adecuado para probarlas. Uno de ellos consiste en poner suavemente las manos alrededor de la cabecita del niño durante algunos segundos o apoyarlas en el vientre. Esto le permitirá sentir el calor de tu cuerpo. No le obligues nunca a hacer lo que no quiere. En ocasiones, si te mueves y te acercas a él demasiado rápido, generas en él un estado de confusión (y tal vez de pánico). Antes de empezar, cuando observo que un bebé se muestra inquieto o no está acostumbrado al contacto físico, me limito a apoyar las palmas de las manos en sus piernas. Esto parece frenar sus movimientos y concentrar su atención en la calidez de las manos. Cuando está listo, empiezo la sesión.

A menudo los bebés lloran porque se sienten desorientados. No tienen ninguna otra forma de comunicarte esta sensación. No te preocupes si llora; tu hijo tiene derecho a ser oído. En cualquier caso, no tardarás en distinguir un tipo de llanto de otro. En este caso, puedes probar el segundo método: apoyar sus brazos en su pecho y flexionarle las piernas, aproximándolas también al pecho. Se trata de simular la posición fetal, algo que reconforta automáticamente al bebé. A partir de ahí, deja que se muestre cada vez más confiado a medida que se relaja. También podrías darle de comer, aunque esto significaría esperar otra media hora antes de iniciar el masaje.

Contraindicaciones del masaje para bebés

Mientras haces el masaje, observa detenidamente sus respuestas. Todos los niños son diferentes. Presta atención a sus reacciones. Si parece disfrutar del masaje antes de acostarse o después del baño, incorpóralo así en la rutina diaria. ¡Pero cuidado! ¡Nunca realices un masaje inmediatamente después de una toma! Espera por lo menos cuarenta y cinco minutos.

Si empiezas a hacer el masaje y se resiste o se muestra disgustado, lo mejor es interrumpirlo. Puedes intentarlo más tarde. No lo obligues a aceptarlo. La experiencia debe ser placentera para ambos y no convertirse en una especie de castigo o tarea habitual. Forzarlo transmite una señal negativa. De ahí que tu estado de ánimo y de salud sean factores tan importantes en la ecuación. Debes estar descansado, relajado y concentrarte en la pequeña vida que tienes delante. Evita los masajes si estás enfermo o exhausto.

Evita asimismo el masaje si el niño presenta una o más de las condiciones siguientes:

- Enfermedad. Consulta al médico antes de hacer un masaje.
- Erupciones cutáneas e infecciones. Evita el contacto en las áreas irritadas o infectadas. Consulta al pediatra para asegurarte de que no le perjudicarás o empeorarás la condición.
- Vacunas. Es preferible esperar por lo menos una semana antes de hacer un masaje si lo han vacunado. Luego, deberás evitar el contacto directo con el área de la inyección, que puede estar muy sensible.

SI MUESTRA SIGNOS FACIALES DE MALESTAR...

Si observas algún signo de estrés o malestar en su rostro, como apretar los párpados o fruncir el ceño, en cualquier momento del masaje, frótale los pulgares con los tuyos. En reflexología, los dedos pulgares están relacionados con la cabeza y el cuello. A menudo, una leve presión en estos puntos alivia la tensión en la cara y los ojos. Una vez relajado, reanuda el masaje hasta el final.

Masaje en bebés prematuros

Los bebés prematuros protegen celosamente su cuerpo y pueden mostrarse reacios al masaje. Lo mejor es dejar que se acostumbre área por área. Esto te permitirá trabajar aquellos puntos más sensibles (pecho, brazos y cara). No te extralimites. Si no vas más allá de su capacidad de resistencia, se sentirá más seguro. Incluso es posible que reaccione emotivamente y que llore al estimular áreas que le recuerdan una experiencia dolorosa. Es normal. El llanto es su forma de «hablar de ello». Es esencial que no pierdas la calma y que sigas relajado. Dale a entender que comprendes lo que te está diciendo. Tu objetivo es ahora ayudarlo a sentirse seguro y amado. Con el tiempo, disfrutará de la rutina completa de masaje.

Si empiezas el masaje y se resiste o se muestra disgustado, sigue durante unos segundos para comprobar si se siente incómodo o tal vez está reteniendo gases. Si el malestar continúa, interrumpe el masaje. Puedes intentarlo más tarde.

No fuerces el masaje bajo ningún concepto. Esta experiencia debe ser positiva para ambos y no convertirse en una especie de castigo o tarea habitual. Obligarlo transmite una señal negativa.

Preguntas frecuentes

P. ¿Con qué frecuencia debería dar un masaje a mi hijo?

R. Durante los seis o siete primeros meses, el masaje diario resulta extremadamente beneficioso para la mayoría de los bebés. A medida que se vuelven más activos, podrías reducirlo a un par de veces por semana. La continuidad del masaje diario o de dos veces por semana establece un ritmo que proporciona confort y familiaridad, corroborando la importancia de vuestra interacción mutua. Ni que decir tiene que habrá días en los que, por cualquier razón, no disfrutarás de la sesión, aunque esto no mermará los efectos positivos del masaje. Por lo demás, ¡siempre hay un mañana! Cuando el masaje forme parte de la rutina diaria o semanal, esperarás con ansia ese momento. Recuerda que no es una tarea más en la rutina doméstica, sino un verdadero placer.

P. ¿Por qué a diario?

R. Un día es un período de tiempo muy largo para un bebé. ¿Recuerdas cuando tenías doce años y el tiempo parecía discurrir lentamente? Esto es debido a que un año era $1/12$ de tu experiencia en la vida. ¿Has observado cómo se acelera a medida que va cambiando el denominador? (a los 28 años, un año representa $1/28$ de tu vida, por ejemplo). Los bebés acumulan una enorme experiencia de vida cada día. Para ellos, el tacto es importante para el crecimiento y el paulatino desarrollo de la consciencia de «tener» un cuerpo con brazos y piernas. El masaje diario es extremadamente beneficioso.

P. ¿Cuándo debería dar un masaje a mi hijo?

R. Tu bebé es un individuo único al que acabas de conocer. En consecuencia, es imposible saber automáticamente cuál es el mejor momento del día para darle un masaje. Se necesita observación y un poco de experiencia.

Realiza el masaje a diferentes horas del día para descubrir cuál es la ideal para ambos. Elige un momento en el que estéis relajados. Por ejemplo, muchos padres se han dado cuenta de que el masaje es ideal después del baño, cuando el niño está relajado pero estimulado. Otros lo hacen poco después de una toma, lo cual puede tener efectos perjudiciales para el pequeñín, que necesita tiempo para hacer la digestión.

Observa con atención a tu hijo y aprenderás a reconocer sus diferentes estados de ánimo. Es esencial hacerlo coincidir con lo que se denomina «estado de alerta moderado», cuando el bebé te mira a los ojos y toda su energía parece canalizarse a través de la mirada, el oído y las respuestas, como contraposición a un estado somnoliento o cansino. Hay que distinguir entre el estado de alerta moderado y el de alerta activo, que es cuando el niño emite frecuentes sonidos, se mueve constantemente y mira a su alrededor en lugar de establecer un contacto visual contigo. Un buen ejemplo del estado de alerta activo en la mayoría de los niños es cuando están hambrientos o se sienten disgustados.

Aunque puedes dar un masaje al niño cuando parece estar muy tranquilo (preparado para dormir), no es recomendable, e incluso podría tener un efecto contrario al deseado. Los bebés adormilados lo están porque su mente y su cuerpo están listos para el descanso. El masaje puede sobreestimularlos, y luego se sienten exhaustos y malhumorados. Lo digo sólo porque los padres pueden sentirse extremadamente entusiasmados con el momento previsto para dar el masaje a su hijo. Inspira profundamente, relájate y asegúrate de que tu pequeñín también se halla en el estado físico y mental correcto para beneficiarse al máximo de tu tacto cariñoso.

P. ¿Cuánto debería durar una sesión de masaje?

R. Un masaje debe durar entre 20 y 30 minutos. Si el niño empieza a mostrarse incómodo antes, prueba en otra área de su cuerpo durante algunos minutos y luego interrumpe el masaje. Adáptalo siempre a sus reacciones. Si parece estar disfrutando, no hay motivo para interrumpirlo, y si se muestra tranquilo, experimenta con distintas rutinas en cada parte de su cuerpo.

Más adelante en este capítulo se examinan algunos métodos específicos de relajación del bebé que podrían disgustarlo. En cualquier caso, debes mostrarte paciente hasta descubrir el ritmo adecuado para ambos. Los niños muy pequeños no pueden darse la vuelta, ni siquiera moverse, como lo hacemos nosotros si sus músculos están tensos. Pueden sentirse incómodos cuando empiezas a frotarlos. Déjate llevar por sus reacciones y continúa dándole masajes en breves sesiones a lo largo del día.

P. ¿Qué ocurre cuando ya es más mayorcito?

R. Los dos modificaréis poco a poco la rutina de masaje. Tal vez adviertas que durante determinadas etapas en su desarrollo se muestra reacio al masaje, pues se está concentrando en otras tareas de aprendizaje. Una vez superada esa fase particular, podría aceptar de nuevo aquella rutina. Todo dependerá de su personalidad. Algunos niños se muestran extremadamente activos cuando han aprendido a caminar, mientras que otros siguen disfrutando de la rutina de masaje antes de acostarse. Algunas madres se limitan a trabajar única y exclusivamente las áreas que tienen a la vista mientras el niño se mueve. Es un buen método. A los niños un poco más mayorcitos (2-4 años) les gusta frotarse con la loción, mientras que otros en cambio prefieren un masaje en la espalda o las piernas como parte de la rutina de «buenas noches».

Segunda parte: Instrucciones paso a paso

Capítulo 1

MASAJE DE LAS PIERNAS

> *El tacto es diez veces más eficaz que el contacto verbal o emocional... Solemos olvidar que el tacto no es sólo básico en nuestra especie, sino fundamental.*
>
> Saul Schanberg, biólogo

La rutina de masaje del bebé que voy a describir combina el método sueco e indio. Ambos pueden mejorar muy eficazmente la circulación sanguínea y el tono muscular. El masaje sueco utiliza «pases» (acción o desplazamiento de las manos; en adelante «pase» o «pases») que empiezan en las extremidades y avanzan hasta el corazón, estimulando el flujo sanguíneo y linfático y potenciando el tono muscular, mientras que el masaje indio trabaja desde el centro y continúa hacia afuera para mejorar todos los niveles de energía y relajar los músculos articulados.

Explicaré paso a paso cómo hay que trabajar las piernas, el vientre y el pecho, los brazos, las manos, la cara y la espalda. La rutina completa debe durar alrededor de veinte minutos. Luego te enseñaré a utilizar la reflexología, un tipo de masaje en puntos de presión en los pies para contribuir a la curación de condiciones comunes en el bebé, tales como la indigestión. La reflexología elimina toxinas del cuerpo y lo mantiene fuerte y sano. Más adelante te explicaré cuáles son los puntos de reflexología en los que hay que presionar para aliviar condiciones específicas.

Para que esta rutina sea más fácil de aprender, es aconsejable leer el material de cada capítulo, probando los pases en tu brazo o pierna. Cuando te sientas seguro de ti mismo, dale el masaje al bebé. Luego pasa al siguiente capítulo.

No te apresures. Hay tiempo para todo. Aun en el caso de que sólo le des un masaje en la tripita durante cinco minutos, es un paso más en la dirección correcta. La mejor manera de hacer las cosas como es debido es seguir tu instinto y observar las respuestas de tu hijo.

Antes de abordar las técnicas de masaje, hablemos un poco de la presión que debes ejercer mientras trabajas. Si alguna vez te has sometido a un masaje deportivo, ya sabrás lo que significa un masaje intenso. No te preocupes. No te pediré que recrees este nivel de intensidad. En el caso de tu bebé, debes realizar pases suaves y lentos, con la presión suficiente como para estimular su cuerpo. Ten en cuenta, sin embargo, que tu hijo no es tan frágil como podrías pensar. En realidad, algunos pequeñines prefieren un masaje de presión que otro de pases superficiales.

Investigadores del Touch Research Institute en la Universidad de Miami han descubierto que los bebés prefieren una cierta presión, posiblemente porque las caricias ligeras les producen un desagradable cosquilleo. Algunos estudios han demostrado que los bebés de peso por debajo de la media que reciben un masaje con una cierta presión aumentan de peso.

Una vez más, observa detenidamente las preferencias de tu hijo. Fíjate en las áreas del cuerpo en las que le gusta más la sensación de fricción y lo que le pone nervioso.

Empezar el masaje

Antes de iniciar una sesión de masaje, desconecta el teléfono y haz todo cuanto puedas para eliminar posibles distracciones y todo cuanto podría obligarte a interrumpir el proceso. Nada debe interferir con este momento tan especial de interacción afectiva, un momento exclusivo para los dos.

Recuerda también inspirar y expirar profundamente tres veces, inhalando el aire por la nariz y expulsándolo por la boca, para concentrarte y relajarte. Luego apoya las manos en el cuerpo del niño y dale tiempo para que se acostumbre al tacto. Escucha su respiración y también la tuya. Podrías preguntarle: «¿Puedo hacerte un masaje?». Luego espera unos instantes para que el niño asimile tu pregunta. Es un buen momento para untarte las manos con un poco de aceite de masaje, mientras continúas hablándole en un susurro. Frótate las manos y deja que tu hijo adquiera consciencia de lo que va a ocurrir a continuación. Podrías decir algo así como «Es la hora de tu masaje. ¿Estás preparado?». Esto dará a entender al niño que respetas su espacio físico. Cuando creas haber obtenido su «consentimiento», empieza. Tal vez podrías decir: «Relájate». Con esta palabra, el bebé asociará la relajación con el masaje.

No interrumpas la comunicación durante toda la sesión, estimulando la sensación de relax del pequeñín y fomentando la interacción. En realidad, el tono de voz es más importante que las palabras, aunque te sugiero que utilices palabras reales. Con el tiempo esto ayudará al niño a aprender técnicas de lenguaje y le enseñará a comunicarse verbalmente.

Sigue siempre la pauta básica. Estás creando un ritmo o un breve ritual premasaje que proporciona continuidad y estructura. De este modo, el bebé tendrá una mayor sensación de confort y seguridad.

«Precalentamiento» opcional

Si deseas realizar un «precalentamiento» antes de empezar el masaje propiamente dicho, esta actividad puede ser ideal, sobre todo para los niños muy activos. A los bebés les encanta el juego con los brazos y las piernas. Estos suaves y divertidos movimientos lo ayudarán a estirarlos, a trabajar el estómago y la pelvis, y a alinear la columna vertebral. También puedes hacerlos si se muestra nervioso durante la sesión. A menudo, si interrumpes el masaje durante algunos minutos y realizas estiramientos, el niño se relaja de nuevo y puedes proseguir sin la menor resistencia. Personalmente, me gusta empezar cada sesión de masaje con estos movimientos, ya que la atención del pequeñín en sí mismo y en el masaje. Realiza cada movimiento cuatro veces.

PIERNAS:

- Mirando al bebé, cógelo suavemente por los tobillos, júntale las rodillas y luego, lentamente, desplázalas hacia el vientre. A continuación, estíralas de nuevo.

- Flexiona y estira cada pierna, como si andara en bicicleta.

- Crúzale las piernas a la altura del vientre y estíralas. Luego invierte su posición, con la otra cruzada encima.

BRAZOS:

- Sujeta las muñecas de tu hijo, estira los brazos hacia los lados y a continuación crúzalos a la altura de las muñecas. Estíralos de nuevo y crúzalos cambiando de brazo.

- Luego, eleva los brazos del niño delante de la cara y extiéndelos por encima de la cabeza, estirándolos con suavidad.

- Por último, sujeta un brazo por la muñeca y la pierna opuesta por el tobillo. Junta el brazo y la pierna de manera que se crucen en el vientre. Repítelo con el otro brazo y la otra pierna.

- Desplaza de nuevo el brazo y la pierna hasta su posición inicial y repite la cruz con el brazo y la pierna opuestos.

Esta sencilla rutina relaja los músculos, y lo que es más importante, abre las articulaciones para que funcionen correctamente. Durante el proceso, a menudo el bebé parece adormilarse un poquito, lo que facilita mucho más el masaje posterior. Después de este breve «precalentamiento», ambos estaréis listos para empezar el masaje.

Manos a la obra

El masaje propiamente dicho se inicia con el paso de saludo («¡hola!»). Luego seguirás con las piernas y los pies. El masaje en los músculos de las pantorrillas, muslos y nalgas fomenta la elasticidad y coordinación, y mantiene las piernas flexibles, cualidades todas ellas esenciales para el desarrollo de una buena postura.

Aunque no existe una secuencia «indiscutible» para hacer un masaje al bebé, te recomiendo empezar con las piernas y los pies, ya que son las partes menos vulnerables del cuerpo. En ocasiones, los niños se ponen tensos y echan a llorar si empiezas por el tronco, más vulnerable. Los bebés cerrarán los brazos instintivamente si realizas un masaje en un área para la que todavía no están preparados. Cuando hayas aprendido la rutina completa, adáptala a las necesidades de tu hijo según consideres oportuno.

PASE DE SALUDO
(«¡HOLA!»)

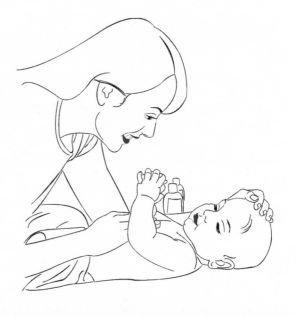

El pase de saludo utiliza la técnica de masaje sueca. Consiste en un movimiento muy ligero y deslizante, sin presión. Se trata de proporcionar al niño una «pista» táctil que le indique que estás a punto de hacerle un masaje.

Dile «hola» apoyando las dos manos en el vientre y luego desplazándolas hacia los lados (con suavidad, pero con la suficiente firmeza como para evitar el cosquilleo). Utiliza este pase para que el niño se familiarice con esta nueva sensación y observa si se muestra o no predispuesto al masaje. Esta etapa no forma parte del masaje del vientre propiamente dicho, sino que es una introducción a la sesión. El pase de saludo es un modo de averiguar el grado de receptividad de tu hijo en este preciso momento. Es posible que al principio las nuevas sensaciones le desagraden, pero a medida que se acostumbre a ellas durante la sesión, empezará a relajarse y a disfrutar de tu suave tacto.

Masaje de las piernas

Muchos padres dicen que el masaje preferido de sus hijos es el de las piernas y los pies, un área ideal por la que empezar. El placer que experimenta el bebé constituye la primera parte de los extraordinarios beneficios derivados de todo el proceso de masaje, ya que el niño empieza a «esperar» sentirse a gusto, relajándose y aceptando el masaje con mayor predisposición.

Una amiga me dijo que cuando su hijo Jeremy era un bebé, «lo único que lo reconfortaba cuando estaba enfermo o muy nervioso era frotarle las piernas y los pies. En momentos de disgusto y malestar, cuando lo cogía y empezaba a darle un suave masaje, su respuesta era casi inmediata. Ahora tiene cinco años, y cuando está enfermo o triste, o simplemente cuando necesita una atención especial, me pide que se lo haga.»

¿Qué hay que hacer cuando el bebé llora?

Si tu hijo se echa a llorar al empezar el masaje en las piernas, interrúmpelo, pero mantén las manos apoyadas en ellas. Míralo a los ojos y háblale en un susurro. Lo más probable es que notes cómo se relajan. Luego puedes reiniciar el masaje. Tal vez tengas que hacerlo varias veces, pero después de algunas sesiones, el niño se relajará por sí solo y sonreirá. Si no da resultado, realiza algunos sencillos estiramientos de piernas. Con frecuencia, si las flexionas y acercas al pecho, manteniendo esta posición durante algunos segundos, dejará de llorar.

Si tampoco funciona, sigue adelante con otro de los pases descritos aquí o a otra área del cuerpo. Establecer una relación de confianza significa escuchar a tu hijo, no insistir en que las cosas deben sucederse a tenor de tus propias reglas. Si respetas los límites personales del bebé, que está defendiendo con el llanto, le demostrarás que le estás escuchando y respondiendo.

Advertencia: No fuerces los estiramientos de las piernas. El recién nacido tiende a mantenerlas flexionadas. Dale tiempo para acostumbrarse. Al darle un masaje, bañarlo o cambiarle el pañal, deja que las rodillas se flexionen hacia fuera cuando las piernas están extendidas hacia el rostro.

Después del pase de saludo, continúa con la siguiente secuencia de técnicas para las piernas:

ORDEÑO INDIO

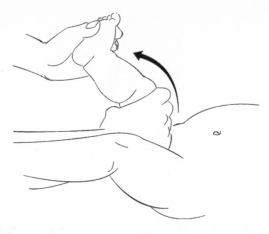

El primer pase del masaje de las piernas es el Ordeño Indio, que se inicia en la parte superior del muslo y discurre hasta el tobillo. Mejora la circulación y relaja y tonifica los músculos. Se denomina así porque desplaza la energía desde el tronco hacia las manos y los pies. Se trata de expulsar el estrés y la energía negativa a través de la punta de las manos y de los pies.

El Ordeño Indio se realiza colocando los dedos de una mano sobre la pierna y los dedos de la otra mano, debajo de la pierna, y luego apretando y soltando suavemente la pierna con el borde interior de cada mano mientras te desplazas desde la sección superior del muslo hasta el tobillo. Lo puedes hacer alternando las manos como si estuvieras trepando por una cuerda, o bien manteniéndolas apoyadas en la misma posición y apretar y soltar con suavidad a lo largo de la pierna. Cuando llegues al pie, desplaza de nuevo las manos hasta la parte superior del muslo y repite el pase 2-3 veces para calentar la pierna.

Sujeta la pierna con una mano y usa la otra para apretar y «arrastrar» desde la cadera hasta el tobillo. Aplica una presión ligera pero firme, y lo más regular posible. Si la presión es insuficiente, le harás cosquillas. Luego cambia de mano y vuelve a apretar y arrastrarla desde el muslo hasta el tobillo. Repítelo varias veces.

APRETAR Y GIRAR

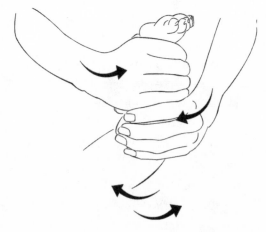

Al igual que en el pase del Ordeño Indio, éste empieza en la sección superior del muslo y prosigue hasta el tobillo. Sujeta la pierna del bebé con las dos manos, mientras las aprietas, deslizas y giras alrededor de la pierna. Procura que los movimientos sean lentos y suaves. Guíate por tu instinto y deja que todo suceda con naturalidad. Sigue hablándole: «Relájate», «Te gusta, ¿verdad?», etc. Esto ayudará al niño a asociar la relajación y la comunicación con la hora del masaje. Poco a poco, responderá de una forma más decidida a tus palabras y entonación. A muchos pequeñines les encanta este pase y suelen sonreír desde su inicio.

PASE DE PULGARES

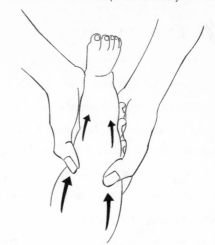

El pase de pulgares significa lo que su propio nombre indica. En lugar de utilizar la mano abierta, ejercerás la presión con los pulgares en las caras opuestas de la pierna. Esto te permite identificar los músculos en los que se haya acumulado la tensión. Coloca una mano a cada lado del muslo de tu hijo y presiona hacia dentro con los pulgares mientras te desplazas desde el muslo hasta el pie. Puedes repetir varias veces este pase para trabajar la cara anterior y posterior del muslo. El pase de pulgares también te permite actuar con eficacia en los pies. Dado que los pies tienen múltiples puntos de reflexología, que más adelante explicaré, te aconsejo extender el masaje de la pierna hasta el pie, utilizando los pulgares para hacer un suave masaje en la planta. También puedes apretar y girar cada dedo del pie. Pasa los pulgares por la cara superior del pie, hacia el tobillo, y luego continúa alrededor del tobillo. Tira ligeramente de las áreas mullidas de la planta, presiónalas con los pulgares y luego tira lentamente de la parte superior del pie hacia el tobillo.

Esto prepara al niño para la parte del masaje de reflexología podal.

ORDEÑO SUECO

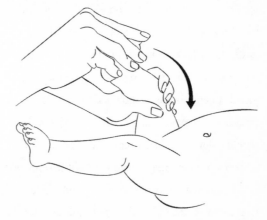

El siguiente pase se conoce como Ordeño Sueco. Al igual que el indio, consiste en apretar ligeramente la pierna con el borde interno de cada mano. Empieza en el tobillo y continúa hasta la parte superior de la pierna. El pase del Ordeño Sueco se dirige hacia el corazón, no hacia las extremidades, para mejorar la circulación sanguínea y tonificar los músculos.

Apoya las dos manos una a cada lado de la pierna y apriétala y suéltala, deslizándola desde el tobillo hasta la parte superior del muslo. Repite varias veces este pase con una mano sobre la otra o una después de la otra. Luego sujeta el tobillo del niño con una mano, y con la otra presiona y suelta con suavidad mientras la desplazas hacia arriba a lo largo de la cara interna de la pierna. Cuando llegues arriba, cambia de mano, apretando y soltando con la otra para estimular la otra cara de la pierna desde el tobillo hasta la sección superior del muslo. Repítelo varias veces. Recuerda que no existe ningún número «correcto» de pases que deberías realizar en cada parte del cuerpo. Confía en tu intuición y deja que las manos los repitan tantas veces como sea necesario mientras el bebé se muestre satisfecho.

ENROLLADO

Éste es un pase muy sencillo en el que enrollas la pierna entre las manos desde la rodilla del niño hasta el tobillo. Asimismo, si lo deseas, puedes hacerlo con toda la pierna en dirección opuesta. Todo dependerá de la etapa del masaje en la que vayas a introducir este pase, si es que así lo has decidido. Lo he incluido porque ofrece una amplia superficie táctil, y además,

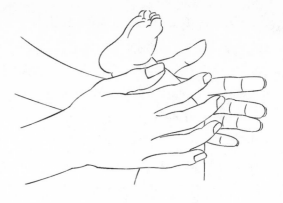

porque resulta muy gratificante para los padres, ya que no implica presión. Cuando lo hagas, piensa en cómo enrollarías con las manos un pedazo de plastilina para estirarlo.

Enrollar los músculos estimula el sistema nervioso del bebé y relaja los músculos, y lo que es más importante, es una técnica que obra maravillas para nutrir la piel y reducir el estrés.

PASE DE PLUMA

Concluye el masaje de las piernas atenuando la caricia de las manos y utilizando las yemas de los dedos para deslizarte con el más ligero de los toques a lo largo de toda la pierna del niño, desde la cadera hasta las puntas de los pies, dándoles unos ligeros golpecitos. Este toque es prácticamente imperceptible para el pequeñín, pero tiene un extraordinario efecto relajante. El pase de pluma ayuda a integrar las piernas en el

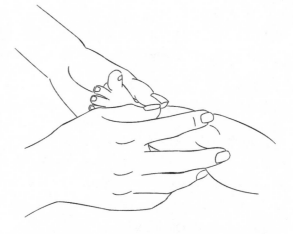

tronco y proporciona una inconfundible sensación de «estar llegando al final» de esta etapa del masaje.

(Dicho sea de paso, el pase de pluma es uno de los más indicados durante el parto debido a su efecto tranquilizante.) Cuando este toque se aplica con la palma de la mano en grandes áreas del cuerpo, se llama *effleurage*. Es un pase de masaje sueco y uno de los más relajantes que se conocen. Básicamente, el *effleurage* consiste en movimientos largos, fluidos y circulares, con las palmas de las manos. Se aplica una ligerísima presión en los pases ascendentes y se atenúa en los descendentes.

Si tu hijo muestra signos de desagrado, tal vez sienta cosquillas. Prueba con un poquito más de presión o arrastrando las yemas de los dedos. El arrastre es excelente para usar después de una secuencia de pases de masaje para estimular los terminales nerviosos próximos a la superficie de la piel y eliminar la tensión del cuerpo. Arquea un poco los dedos, en forma de garra, y aplica las yemas en la piel con movimientos cortos y solapados, una mano después de la otra, con una acción descendente regular. Empieza desde la parte superior de cada extremidad. ¡Atención!: Si utilizas este pase, es doblemente importante que las uñas estén bien cortadas y limadas para evitar arañazos en la piel del bebé.

Cuando hayas terminado con una pierna, repítelo con la otra. El niño identificará el pase de pluma o el arrastre con la conclusión de esta etapa del masaje, anticipando la siguiente. Cuando hayas terminado con las piernas, continúa en otra área del cuerpo. Te recomiendo los pies, que ya has preparado parcialmente con el masaje de las piernas.

Resumen de la secuencia de masaje de las piernas

1. **Ordeño Indio.** Ligera presión desde la cadera hasta el tobillo.
2. **Apretar y girar.** Empezar en la cadera y continuar hasta el tobillo.
3. **Pase de pulgares.** En la parte superior e inferior del pie, y alrededor del tobillo.
4. **Ordeño Sueco.** Suave presión desde el tobillo hasta la cadera.
5. **Enrollado.** Acción de enrollar la pierna entre las manos desde la rodilla hasta el tobillo.
6. **Pase de pluma o arrastre.** Pases ligeros en toda la pierna con las yemas de los dedos o las manos levemente arqueadas, en forma de garra.

Oriente y Occidente

El Tui Na es un antiguo método chino de masaje, inspirado originariamente en la observación de los animales. La gente se dio cuenta de que cuando un animal tenía una herida, se la frotaba con suavidad. Esto es comparable al instinto humano del tacto.

En el Tui Na hay un pase llamado Mo, o «barrido», que consiste en un toque ligero y rápido que se usa para relajar áreas estimuladas. ¡Es casi idéntico al pase de pluma del Masaje Sueco!

Desarrollo medio de las piernas

Hitos más importantes en el desarrollo de las piernas en la mayoría de los bebés (por término medio)

- 3 meses: da pataditas con las piernas.

- 4 meses: soporta peso en las dos piernas.

- 6 meses: utiliza las piernas para rodar.

- 8 meses: empieza a gatear.

- 9 meses: se tiene en pie sujetándose a una persona u objeto.

- 10 meses: camina sujetándose del mobiliario.

- 11 meses: se tiene en pie sin sujeción durante breves instantes.

- 13 meses: da unos cuantos pasos.

- 14 meses: camina con ayuda.

- 15 meses: sube escaleras gateando.

- 17 meses: trepa y corre.

- 21 meses: sube escaleras.

- 23 meses: baja escaleras sin ayuda.

- 3-4 años: mantiene el equilibrio sobre un pie durante breves instantes.

Algunos aspectos relacionados con el desarrollo de las piernas

El desarrollo de las piernas en el feto se inicia alrededor de la cuarta semana de gestación, y en la novena empiezan a fortalecerse. Alrededor de la decimotercera semana, los huesos han completado su crecimiento.

Después del parto, los pies planos, el arqueamiento de las piernas, el contacto de las rodillas y los pies zambos son muy comunes, pero en la mayoría de los casos no hay de que preocuparse. El arco suele ser más visible cuando el niño está sentado en el borde de una silla con los pies colgando o cuando camina de puntillas. Aunque el arco del pie no esté completamente desarrollado, la mayoría de las veces se trata de un tejido indoloro que no interfiere en el crecimiento físico del pequeño.

En los niños, los pies zambos tienen su origen en el pie, a menudo como consecuencia de la postura que tenían en el útero. En el caso de los niños más mayorcitos, la causa está en el mentón, y en los preescolares, en la cadera. En la mayoría de los casos, se corrige con el crecimiento, enderezamiento de los huesos y tonificación muscular.

Entre el nacimiento y la edad adulta, las piernas de los niños pasan por un período normal de arqueamiento. Esto suele ocurrir antes de los 18 meses, que es cuando aparece un espacio entre las piernas y las rodillas. Al igual que en el pie zambo, se suele corregir sin ningún tratamiento.

A medida que el arqueamiento de las piernas va desapareciendo poco a poco, muchos niños desarrollan «rodillas en contacto» (cuando están de pie con las rodillas juntas, queda un espacio a nivel del tobillo). Esta condición puede prolongarse hasta los cuatro años. También se corrige espontáneamente sin necesidad de recurrir a un calzado especial.

Esta información puede ser muy útil para los nuevos padres. Por otro lado, el programa de masaje del bebé contribuye a un crecimiento sano, acelerando la corrección de este tipo de condiciones.

Capítulo 2

Ahora que ya te has familiarizado con las técnicas de masaje de las piernas de tu hijo, nos centraremos en los pies. A los bebés les suele gustar muchísimo el masaje de los pies, aunque al principio, si les han extraído una muestra de sangre en el talón para su posterior análisis podrían resistirse al tacto en esta área. Dale tiempo. Acabará gustándole.

Tal vez ya hayas preparado al niño para el masaje en los pies con el pase de pulgares examinado en el capítulo anterior. Ahora te enseñaré un estilo de masaje basado en la modalidad curativa conocida como «reflexología». La reflexología es mucho más terapéutica que un simple masaje en los pies. Presionando con el pulgar y el índice, y utilizando algunas técnicas con las manos a estas áreas de reflejo, puede relajar y revitalizar todas las partes del cuerpo, aliviar el estrés y fomentar la sensación de bienestar del bebé. Asimismo, puede solucionar múltiples trastornos de la salud, además de su función de «mantenimiento preventivo».

Más adelante te explicaré más cosas acerca de cómo utilizar la reflexología y en qué puntos debes ejercer la presión para contribuir a la curación de condiciones específicas. Por ahora, bastará con algunas técnicas básicas para que puedas hacer un masaje en los pies de tu hijo como parte de la rutina general de masaje. Te será más fácil aprender esta secuencia y luego volver atrás y concentrarte en el aprendizaje de la reflexología.

El tacto en la reflexología

Cuando hagas un masaje a tu hijo, aplica siempre un contacto «sutil», aunque no demasiado leve. Al igual que a la mayoría de los adultos, a los niños les encanta que les froten los pies con una presión bastante firme. A menudo, con un pase muy ligero, el niño aparta instintivamente los pies, tal vez a causa del cosquilleo que produce.

Dado que los pies del bebé son muy pequeñitos, en ocasiones es difícil localizar la posición exacta de las áreas de reflejo. Te recomiendo concentrarte en aquellas que corresponden a los sistemas orgánicos descritos por la reflexología siguiendo el gráfico (véase página siguiente). Pero aun en el caso de que no sepas dónde están exactamente los puntos de reflejo, puedes realizar un masaje eficaz, siempre que frotes los pies con la intención de curar y transmitir paz y amor. Basta con sujetar el pie del niño para influir en su sistema nervioso y relajarlo. En cualquier caso, con un poco de práctica aprenderás a localizar mejor las áreas de reflejo.

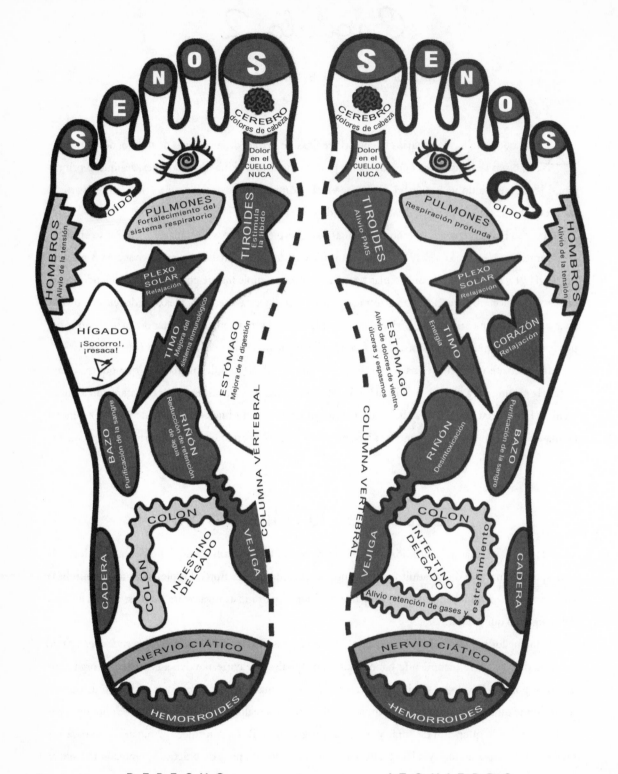

DERECHO   IZQUIERDO

Técnicas

 DE PASEO CON LOS PULGARES

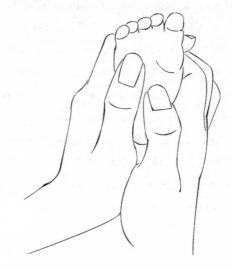

Ésta es una técnica extraordinaria que permite estimular grandes áreas del pie e influir en todos los sistemas orgánicos en lugar de puntos de reflejo específicos. Sujeta el talón con la mano de soporte y apoya el pulgar en el área de reflejo que quieras trabajar. (Usa el gráfico de reflexología de este capítulo.)

Con un movimiento de «oruga», flexiona la primera articulación del pulgar y desplázalo lentamente desde el talón hasta los dedos, siempre hacia delante, nunca hacia atrás. Para trabajar todo el pie con el «paseo con el pulgar», te aconsejo dividirlo en cinco secciones con líneas horizontales (pelvis, cintura, diafragma y cuello/hombros). Cuando llegues a la sección superior, desplaza de nuevo el dedo hasta la línea de partida, reiniciando el proceso. Con esta técnica trabajarás todo el pie.

LO QUE DEBES RECORDAR

1. Suavidad con las manos

Procura trabajar con las manos relajadas al dar un masaje en los pies. Recuerda que el objetivo es potenciar tus propias habilidades relajando y desestresando el cuerpo. Si mantienes la concentración, el tacto transmitirá la energía necesaria para serenar el cuerpo y la mente, eliminando los bloqueos de energía. Es difícil de conseguir si tus manos irritan la piel del bebé.

2. Comunicación

Cuando estés haciendo un masaje a tu hijo, deberás confiar en una detenida observación para saber cuándo hay que reajustar la presión en los puntos sensibles, especialmente si al niño le han extraído muestras de sangre en el talón u otra área del pie, en cuyo caso puede estar extremadamente sensible. Al principio de un tratamiento es importante prestar atención a las respuestas del pequeñín para saber si estás ejerciendo una presión adecuada. No olvides que la reflexología debería provocar siempre una sensación agradable. Si el bebé se pone tenso porque siente dolor, se desaprovechará una buena parte del efecto positivo.

Tómate el tiempo necesario para explorar mientras trabajas. Si encuentras áreas «granulosas», dedícales varios minutos. (Cuando hablo de áreas «granulosas» me estoy refiriendo a zonas que parecen «nudosas», como si hubiera arena debajo de la piel.) Poco a poco desaparecerán.

3. Sentir el pie

Mientras aplicas las técnicas de reflexología en los pies, recuerda sintonizar el masaje con tu propio sentido del tacto. Cuanto más practiques, más fácil te resultará localizar las áreas «nudosas», que indican la existencia de trastornos potenciales en su órgano correspondiente. A medida que vayas desarrollando la sensibilidad en las yemas de los dedos, serás capaz de detectar sutiles cambios en la superficie de la piel y eliminar los problemas antes de que se manifiesten en el cuerpo del niño. Aun en el caso de que conozcas la existencia de algún trastorno, si prestas atención a lo que están sintiendo tus dedos, en lugar de limitarte simplemente a realizar la secuencia de movimientos de la técnica, podrás aplicar un tratamiento de reflexología más eficaz. Una forma excelente de desarrollar el sentido del tacto consiste en practicar con tus pies. Antes de iniciar la sesión con tu hijo, dedícales unos minutos y hazte un masaje para descubrir lo que se siente.

4. Intuición

Los tratamientos de reflexología carecen de una rutina precisa. Guíate por la intuición. Cuando estés trabajando los pies, concéntrate en las áreas «congestionadas» que dan la sensación de estar «granulosas», es decir, como si se hubieran alojado diminutos cristalitos debajo de la piel. Aunque al principio te pueda parecer difícil, dejando que sean las propias manos las que se desplacen a su antojo, te será mucho más fácil confiar en tu intuición. Unas veces detectarás áreas más calientes o más frías que otras. Es un signo de una posible congestión; y otras simplemente tendrás un «presentimiento» que te llevará a prestar atención a una área de reflejo determinada. Las respuestas del niño te indicarán la dirección en la que se deben desplazar los dedos.

5. Cuidado con los cosquilleos

Muchos bebés tienen cosquillas cuando les tocas la planta de los pies, aunque casi siempre es el resultado de un contacto excesivamente leve que provoca risitas nerviosas y que obliga al pequeñín a apartar instintivamente los pies. Si es el caso de tu hijo, interrumpe el masaje y sujétale el pie con firmeza entre las manos durante diez segundos. Así se acostumbrará a las sensaciones del tacto y se relajará.

A continuación, cuando empieces a estimular el pie, procura mantener una presión uniforme y movimientos cortos. La mejor técnica en el caso de bebés hipersensibles o propensos al cosquilleo consiste en realizar pequeños círculos con el pulgar muy lentamente. Cuando el pie se haya relajado, prueba con otras técnicas de reflexología. Recuerda que la presión con el dedo debe ser firme y el movimiento, lento.

Capítulo 3

MASAJE DEL VIENTRE

Según la tradición china, si tu hijo tiene el ombligo cóncavo, significa que disfrutará de una vida próspera.

Un buen masaje en el vientre y el pecho del bebé no sólo lo tranquilizará, sino que también le proporcionará el alivio necesario en el caso de retención de gases y estreñimiento. Si se muestra irritado o nervioso, unos pocos minutos de masaje en el vientre, incluso sobre la ropa, obran maravillas. Por otra parte, ayudar al niño a sentirse conectado con esta área de su cuerpo desarrolla la confianza y la seguridad en sí mismo. En Oriente, en el budismo y taoísmo, así como también en las artes marciales, el ombligo está considerado como el centro del poder personal. También es el área de la que depende el sentido del equilibrio.

Antes de examinar las técnicas, permíteme compartir contigo algunas directrices de seguridad:

1. Asegúrate de que el cordón umbilical se ha curado completamente antes de hacer un masaje en esta área.

2. Dado que la finalidad del masaje del vientre es facilitar la circulación de los gases y de los residuos de desecho hacia los intestinos, los pases deberían seguir siempre la dirección natural del colon, es decir, desde el lado derecho del bebé hasta el izquierdo. (Si estás mirando al niño, el pase debería realizarse de izquierda a derecha.)

3. Aplica siempre un movimiento en el sentido de las manecillas del reloj cuando realices un masaje en el vientre. Hacerlo en la dirección opuesta puede provocar molestias en el delicado sistema intestinal del bebé.

PASE DESCENDENTE

Úntate las manos con un poco de aceite de masaje, y alternándolas, desplaza las palmas hacia abajo desde la caja torácica hasta la parte superior de las piernas. Repítelo varias veces. Esto ayuda a «conectar» el torso con las piernas, creando una sensación de plenitud corporal iniciada con el pase de saludo.

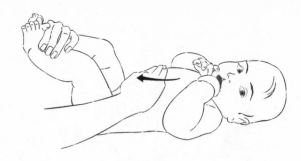

Este pase es especialmente beneficioso para aliviar el dolor producido por la retención de gases. Los bebés tragan siempre un poquito de aire al comer, aunque algunos son más propensos que otros a retenerlo, sobre todo los que se alimentan con biberón. Puedes detectar la retención si llora y levanta las piernas. Para relajar el vientre aun más si cabe, levántale las piernas con una mano y continúa el masaje con la otra.

En mi body de masaje, este pase corresponde a las flechas de color azul pálido en la parte delantera. Síguelas con las manos para completar el Pase Descendente.

PASE CIRCULAR

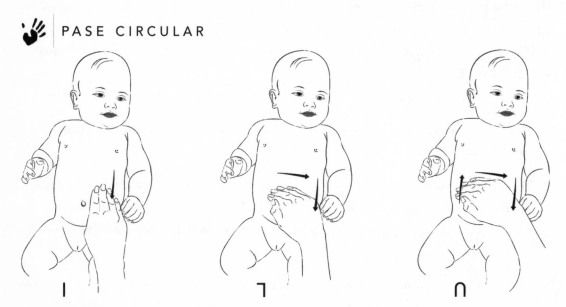

Se realiza alrededor del ombligo en la dirección de las manecillas del reloj y consta de tres etapas. Primero, con el niño mirando hacia ti, desplaza la mano derecha desde justo debajo de la caja torácica (lado izquierdo del bebé) hasta la base del vientre con un movimiento vertical. A continuación, con la mano izquierda, describe un ángulo recto («L» invertida) empezando en el área situada debajo de la caja torácica en el lado derecho del niño, continuando hacia el lado izquierdo, con un movimiento horizontal, y por último, de nuevo con la mano derecha, un doble ángulo recto («U» invertida) empezando en la sección inferior del vientre, continuado hacia arriba hasta la caja torácica (lado derecho del bebé), hacia la derecha con un movimiento horizontal (lado izquierdo del niño) y finalmente hacia abajo.

Repite varias veces toda la secuencia, alternando la mano derecha y la mano izquierda (como si treparas por una cuerda), y describiendo un círculo ininterrumpido, siempre con una ligera presión. ¡A los pequeñines les encanta!

Recuerda que es muy importante realizar este pase sólo en el sentido de las agujas del reloj, ya que éste es el movimiento natural del tracto digestivo y gastrointestinal. Si lo haces al revés, desplazarás los gases en la dirección equivocada, provocando una mayor sensación de dolor en tu hijo.

Si dispones de mi body de masaje, el Pase Circular corresponde al círculo amarillo con las manos anaranjadas. Insisto a costa de hacerme pesada: con el niño mirando hacia ti, desplaza las manos en la dirección de las manecillas del reloj, nunca en la contraria. Alterna este pase con el siguiente.

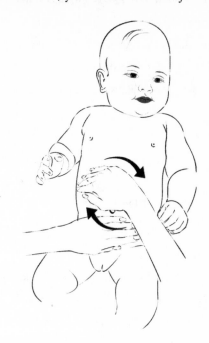

PASES DACTILARES

Alternando las manos, efectúa pases cortos con los dedos, solapándolos ligeramente. Empieza en el lado derecho del niño y desliza los dedos realizando el mismo movimiento de «U» invertida del Pase Circular y terminando en el lado izquierdo.

Estos pases relajantes siguen la dirección del colon y ayudan a expulsar los gases acumulados. Asimismo, alivian el dolor de estómago provocado por la retención de gases, el estreñimiento y los cólicos, que algunos pediatras asocian a la acumulación de gases en el abdomen.

PASE DE PULGAR

Tal y como su nombre indica, empieza con los pulgares situados justo debajo de la caja torácica del bebé. Desliza los pulgares hacia arriba, a ambos lados del cuerpo, desde el ombligo. Si el niño tiene gases, tal vez le disguste, pero si continúas, lo ayudarás a desplazarlos y expulsarlos más deprisa.

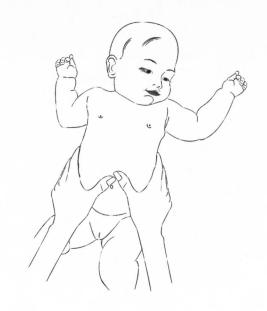

ALMOHADILLA

Lo puedes hacer de dos formas, sujetando las piernas del bebé con una mano a la altura de los tobillos, y desplazando la otra de arriba abajo, en un lado del cuerpo, frotando el vientre con el borde de la palma de la mano, como si arrastraras arena hacia ti, y luego cambiando de manos para trabajar el otro lado del cuerpo del niño, o bien con las dos manos a un tiempo, describiendo ligeros semicírculos con el borde de las palmas, en un lado hacia arriba y en el otro hacia abajo (véase ilustración). Es un pase muy eficaz para relajar el vientre.

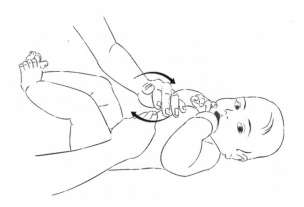

DETECCIÓN DE GASES

«Camina» por el vientre del bebé con las yemas de los dedos, de izquierda a derecha, siguiendo la forma de la «U» invertida. Esto te permitirá localizar las burbujas de aire. Si lo prefieres, puedes utilizar las dos manos y caminar con el índice y el corazón. Si detectas una pequeña burbuja, dedica unos segundos a trabajar esta área hasta que la expulse. Habitualmente, los pequeñines recompensan la atención con una sonrisita de alivio.

Para completar el masaje del vientre, levanta las piernas del niño hasta el pecho y luego suéltalas. Le facilitarás la digestión y contribuirás a la expulsión de los gases. Haz un breve descanso (también puedes hacerlo después del masaje del pecho) y aprovecha para cambiarle el pañal o limpiar las deposiciones.

Resumen de la secuencia de masaje del vientre

1. **Pase descendente.** Alternando las palmas de las manos desde la caja torácica hasta la parte superior de las piernas.

2. **Pase circular.** Masaje alrededor del ombligo en la dirección de las manecillas del reloj.

3. **Pases dactilares.** Pases cortos y solapados con los dedos, describiendo una «U» invertida.

4. **Pase de pulgar.** Con los pulgares juntos en el vientre del bebé y empujando suavemente hacia los costados.

5. **Almohadilla.** Sujetando las piernas del niño con una mano a la altura de los tobillos, o con las dos manos al mismo tiempo, según prefieras, y desplazando el borde blando de la palma de las manos (como si arrastraras arena hacia ti).

Más detalles acerca del vientre

Alimentado a través del cordón umbilical, el vientre constituye el centro neurálgico de la vida del bebé en el útero materno. Durante el parto, la conexión umbilical se mantiene hasta que, poco después, los órganos vitales empiezan a funcionar por sí solos: un perfecto intercambio fisiológico que mantiene el soporte del entorno anterior hasta que el niño está fisiológicamente seguro en el nuevo. Más adelante, cuando los últimos vestigios de la vida uterina desaparecen, los restos del cordón umbilical se desprenden, dejando atrás el ombligo, un punto diminuto que actúa a modo de recordatorio constante de la conexión con nuestra madre.

Como centro de intuición, las sensaciones intestinales predicen a menudo el resultado de un evento con mayor precisión que el intelecto. ¿Cuántas veces habrás oído a un padre decir que su hijo parece reconocer instintivamente a las personas y circunstancias «buenas» y «malas»? Como adultos, disponemos de una mente racional que nos ayuda a emitir juicios, dependiendo estrictamente de ella. Pero el bebé sólo dispone de sentimientos difíciles de explicar.

Desde tiempos remotos los japoneses han considerado el vientre como el Onaka, o centro venerado, y tanto los japoneses como los chinos por un igual, como el centro del Chi, una fuente de extraordinaria energía utilizado para la autocuración y autodefensa. Como centro emocional, el vientre se tensa como respuesta al miedo, al estrés y a la ansiedad, y se relaja con la calma.

Recientes estudios médicos revelan que las células nerviosas en el intestino delgado son casi tan prolíficas como las del propio cerebro. De ahí que esta área se conozca como «el pequeño cerebro». Aunque no se sabe a ciencia cierta cuál es la relación, si la hay, entre este factor celular y nuestros instintos, es muy posible que aquellas «sensaciones en el estómago» que en ocasiones experimentamos estén de algún modo asociadas a esta gran concentración de nervios.

Capítulo 4

MASAJE DEL PECHO

> *El masaje en el pecho de Karen la ayudaba a respirar mejor cuando estaba congestionada.*
>
> Diane, madre de Karen, de 9 meses

Tras haber realizado el masaje del vientre, apoya las manos juntas en el centro del pecho de tu hijo. Las técnicas de masaje que aprenderás a continuación alivian la congestión y mantienen en perfectas condiciones la función cardíaca y pulmonar.

 ## PASE DE CORAZÓN

Para hacer el Pase de Corazón, mueve suavemente las manos desde el centro del pecho del bebé en dirección al cuello y luego hacia los costados, describiendo la forma de un corazón y juntándolas de nuevo en el centro. Repítelo varias veces. En mi body de masaje, este pase corresponde al corazón rosa situado en la parte delantera. Para que te sea más fácil, puedes desplazar simplemente las manos siguiendo la silueta de ese gran corazón de color rosa.

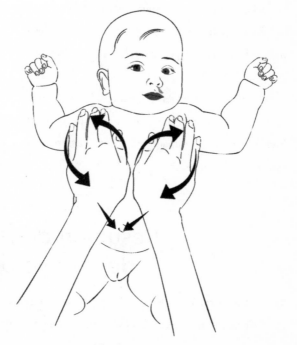

Si el niño está resfriado, puedes utilizar unas cuantas gotitas de aceite de eucalipto diluidas en dos cucharadas de aceite de almendra o de sésamo. Le aliviarás la congestión. Dado que el eucalipto es muy potente, bastarán una o dos gotas. Úntate primero el aceite en las manos para calentarlo. Si vas a utilizar productos de venta en farmacias, asegúrate de que estén indicados para el uso infantil.

✋ PASE DE MARIPOSA

Apoya las manos una a cada lado del bebé, en la base de la caja torácica. Empezando con la mano derecha, desplázala en diagonal a través del pecho, hacia la izquierda, en dirección al hombro derecho del niño. Luego, arrastra los dedos con suavidad en el hombro y regresa a la posición inicial siguiendo la misma línea. Cambia de mano. Esta vez la mano izquierda realizará el mismo movimiento pero desplazándose en diagonal hacia la derecha, hacia el hombro izquierdo del bebé. Continúa hasta el hombro, arrastra ligeramente los dedos hacia abajo y sigue la misma línea, en dirección contraria, hasta el punto de partida. Repítelo varias veces alternando las manos.

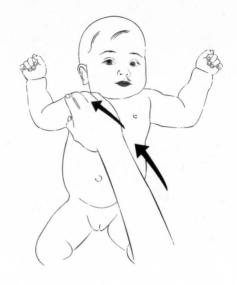

En mi body de masaje, este pase corresponde a la flecha rosa en el pecho que corta el gran corazón del mismo color. A los niños parece gustarles este pase y a menudo responden relajando los brazos y empujando el pecho hacia ti.

Finaliza la parte vientre/pecho del masaje apoyando las manos muy ligeramente en el pecho de tu hijo. El pase ha terminado, y también el trabajo en esta área del cuerpo.

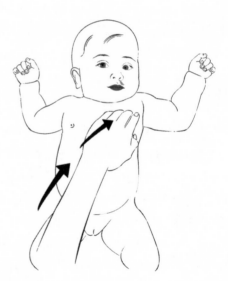

Resumen de la secuencia de masaje del pecho

1. **Pase de corazón.** Con las dos manos juntas en el centro del pecho del bebé.
2. **Pase de mariposa.** Cruzando las manos en «X» sobre el pecho, alternando las manos.

¿Dormir boca abajo o boca arriba?

El ciclo de sueño del bebé está relacionado con su ciclo de alimentación, por lo menos en las primeras etapas de la vida. Al principio, el sueño es corto y frecuente, pero a medida que va aumentando su interacción con el mundo que lo rodea, también las horas de sueño se alargan. Un masaje regular, o incluso una suave caricia similar al Pase de Pluma del que ya hemos hablado en este libro, puede ayudar a los niños que tienen dificultades para conciliar el sueño. Mejor aún, un masaje como parte de la siesta y de la rutina de acostarse contribuye a ajustar lentamente el programa de sueño del pequeñín al de la familia.

En total, los recién nacidos duermen entre doce y veinte horas diarias, y los períodos de sueño se alargan y disminuye su frecuencia a medida que van madurando. Durante muchísimos años se ha creído que acostar al niño boca abajo era ideal para su salud general y su seguridad. No obstante, estudios recientes han demostrado que esta posición puede aumentar el riesgo del síndrome de muerte súbita. Veamos cuál es el protocolo actual en cuanto a la seguridad en el sueño se refiere:

• Coloca a tu hijo de espalda, asegurándote de que el colchón y la cuna reúnen las condiciones de seguridad vigentes. Se desaconseja el uso de camas de agua, sofás y colchones blandos.

• Retira de la cuna toda clase de objetos blandos, tales como almohadas, «tranquilizadores», mantitas de borreguito y muñecos de peluche.

• Utiliza un «pelele» a modo de manta. Es lo bastante caliente.

• Si prefieres usar una manta, pon al niño con los pies al pie de la cuna, sujeta los bordes debajo del colchón y tápalo sólo hasta el pecho.

• Periódicamente durante el día, acuesta al bebé boca abajo para fomentar el fortalecimiento de los músculos de los brazos y el cuello. Otra alternativa consiste en llevarlo en una mochila delantera.

A tener en cuenta durante el masaje en el pecho

En el pecho convergen los latidos del corazón y el ritmo de la respiración, creando el pulso sinfónico de la vida. Mientras que el área del corazón ha sido considerada desde hace mucho tiempo como el centro del amor, valor e incluso de la nostalgia, los pulmones, en la medicina china, están asociados al dolor emocional. Curiosamente, la profunda ola de aliento que precede a un sentimiento de júbilo, euforia o satisfacción personal es la misma que suele preceder a las lágrimas de tristeza.

En cualquier caso, respirar es sentir, y el propio término «inspirar» significa tanto «inhalar el aire» como «despertar un sentimiento». Por el contrario, respirar poco equivale a sentir poco. ¿Te has fijado alguna vez en que una de las formas en las que nuestro cuerpo afronta un trauma o aliviar la sensación de dolor consiste en contener la respiración? Como residencia emocional del pesar y la nostalgia, aunque las sensaciones del corazón se asocian habitualmente al dolor, en realidad están mucho más relacionadas con la contracción muscular del pecho y la garganta que acompaña al llanto prolongado o reprimido. En consecuencia, facilitar la respiración del niño genera vida y sentimientos. Un pecho y unos hombros abiertos, combinado con un vientre relajado, absorben la máxima cantidad de oxígeno, el verdadero espíritu de la vida.

Capítulo 5

MASAJE DE LOS BRAZOS Y LAS MANOS

¡Oh el confort!, ¡el inexpresable confort de sentirse seguro con una persona sin tener que sopesar los pensamientos o medir las palabras...!

D.M. Craik

Seamos honestos. Los brazos pueden ser una de las áreas más difíciles cuando se trata de hacer un masaje a un bebé. Los recién nacidos tienden a desplazarlos hacia el pecho cuando se sienten vulnerables, y si intentas separarlos, ¡el combate está garantizado! Algunos padres, frustrados en sus reiterados intentos, me preguntan si es realmente necesario hacer un masaje en esta área del cuerpo. Mi consejo es siempre el mismo: paciencia.

Realizar un masaje en los brazos del niño desde una tierna edad no sólo contribuye a relajarlos, sino que también lo ayuda a abrirse al mundo. Si el pequeño relaja los brazos durante el masaje, es un signo de que confía en ti y se siente cómodo con lo que le estás haciendo. Es posible que la respuesta no sea inmediata, pero a medida que se sienta más y más satisfecho con el masaje en otras partes del cuerpo, acabará aceptando de buen grado el masaje en los brazos.

Entretanto, si el pequeño se muestra disgustado y tira de los brazos hacia el pecho, intenta adaptar la aplicación a la posición que está adoptando. Podría tranquilizarlo. En caso contrario, toma sus manos entre las tuyas, incorpóralo un poco y mueve el brazo adelante y atrás para relajarlo. Mantén el contacto visual y dile: «Vamos...». El bebé suele responder positivamente, liberando la tensión en los brazos y las manos y consintiendo el masaje. No trates de abrirle los brazos a la fuerza. Sé delicado con él. Si aun así, no parece reaccionar, pasa a otra parte del cuerpo e inténtalo de nuevo más tarde.

Cómo empezar el masaje de los brazos

Apoya con suavidad las manos en el pecho de tu hijo y espera unos segundos. Dado que el masaje de los brazos se realiza poco más o menos a media sesión, aprovecha para comprobar tu estado físico y psicológico. ¿Sigues relajado o estás tenso? ¿Te pesan los hombros o tienes el cuello agarrotado? En tal caso, interrumpe el contacto durante algunos minutos, estira el cuerpo y respira profundamente. Libera la tensión para poder reanudar el masaje con la máxima energía y afrontar la segunda parte de la sesión.

Después de un breve descanso, restablece el contacto con el niño apoyando las manos en el vientre y deslizándolas hacia los costados, hacia los brazos y las manos del pequeñín. Cógele de las manos, háblale y aprovecha la ocasión para estrechar vuestros vínculos afectivos, manteniendo siempre el contacto visual.

Precalentamiento y mejora de la circulación

Cuando el bebé cierra los brazos en señal de protección, es muy probable que tenga las manos frías. Veamos cómo puedes calentárselas.

En primer lugar úntate un poco de aceite en la palma de la mano, acaríciale el brazo extendiendo el aceite y luego empieza con el pase de Ordeño Indio desde el hombro hasta la muñeca. Cuando llegues a la mano del niño, tómala con las dos manos (una encima y otra debajo) para transmitirle tu calor. Cambia de lado y repite el pase.

Si con todo continúa resistiéndose, sujétalo por la muñeca y dale unos ligeros golpecitos para estimular una respuesta natural de «sigue adelante». Una tercera opción si el niño llora consiste en cogerle de las manos y cruzárselas en el pecho, manteniendo esta posición durante unos instantes. Esto puede relajar el cuerpo del bebé, ya que imita una posición semifetal.

Como última alternativa, puedes reiniciar los sencillos movimientos de estiramiento que ya he mencionado en los preparativos para el masaje. Sujeta las muñecas del bebé, estírale los brazos hacia los costados y después crúzalos a la altura de la muñeca. Repítelo cambiando la posición de los brazos. A continuación, desplaza sus brazos hasta la cara, sobre la frente, para completar el estiramiento.

Finalmente, sujétale un brazo a la altura de la muñeca y el otro en el tobillo, desplazando el brazo y la pierna en «X» sobre el vientre. Invierte la cruz y estira de nuevo las extremidades. A menudo, este breve movimiento relaja lo suficiente al bebé como para continuar con el masaje de los brazos y las manos.

✋ | ORDEÑO INDIO

Al igual que hiciste con las piernas, apoya los dedos de una mano en el brazo, y los dedos de la otra debajo del brazo. Aprieta y suelta suavemente el brazo con el borde interior de cada mano mientras avanzas desde la sección superior del hombro hasta la muñeca. Puedes hacerlo alternando las manos, como si estuvieras trepando por una cuerda, o bien manteniéndolas en la misma posición mientras desciendes por el brazo.

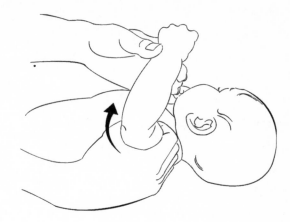

Al llegar a la mano, desplaza de nuevo las palmas hasta la sección superior del hombro y repite el pase 2-3 veces. Luego cambia de mano. Repítelo varias veces en ambos lados del cuerpo del niño. Esto le precalentará los brazos y eliminará el estrés y la tensión negativa a través de las manos.

✋ | APRETAR Y GIRAR

Al igual que en el masaje de ordeño, este pase se inicia en la parte superior del hombro y continúa hasta la muñeca. Sujeta el brazo del bebé con las dos manos, apretando y girando tus manos con suavidad alrededor del brazo. Trabaja con movimientos lentos y delicados, dejando que tus manos te guíen con naturalidad. Presiona con la suficiente firmeza como para ejercer una ligera presión, pero no demasiado fuerte como para tirar de la piel. Con el brazo de tu hijo untado de aceite, tus manos deberían

deslizarse suavemente por la piel, adelante y atrás, apretando, girando y luego reduciendo ligeramente la presión para poder llegar hasta la muñeca con la misma delicadeza. Repítelo varias veces y sigue hablándole, y más teniendo en cuenta que en esta etapa del masaje su contacto visual será mucho más acusado.

ORDEÑO SUECO

Este pase empieza en la muñeca y continúa hasta la parte superior del hombro. Su finalidad es mejorar la circulación sanguínea y tonificar los músculos. Inicia la aplicación apoyando las dos manos, una a cada lado del brazo, y apretando y soltando con suavidad desde la muñeca hasta el hombro. Repite el pase varias veces con una mano sobre la otra o una después de la otra.

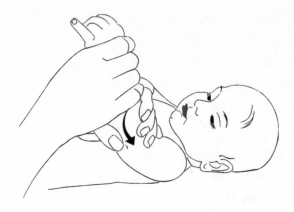

Acto seguido, coge la muñeca de tu hijo con una mano, mientras que con la otra aprietas y sueltas delicadamente la sujeción para estimular la otra cara del brazo desde la muñeca hasta la sección superior del hombro. Repítelo varias veces. Recuerda que no existe una regla inmutable acerca del número de pases que deberías realizar en cada área del cuerpo. Confía en la intuición y sigue adelante mientras el niño se sienta a gusto.

ENROLLADO

Es un pase muy sencillo que consiste en enrollar el brazo entre tus manos desde el codo hasta el hombro. Si lo deseas, también lo puedes hacer a lo largo de todo el brazo en la dirección opuesta. La ventaja del enrollado reside en la amplia superficie de tacto que proporciona, al tiempo que facilita el contacto visual con el pequeño. Asimismo, es un pase que resulta muy gratificante para los padres, ya que no implica presión.

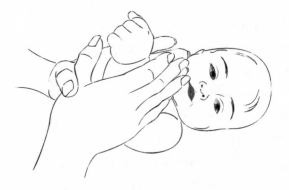

Al realizar este pase, piensa en cómo enrollarías con las manos un pedazo de plastilina para estirarlo. En realidad, incluso podrías realizar este pase a modo de introducción de la progresión del masaje para relajar al bebé y comprobar lo que le gusta y le disgusta en relación con la forma de presionar. Empieza con un enrollado muy ligero, y luego aumenta gradualmente la presión.

CÍRCULOS CON LOS PULGARES Y ARRASTRE CON PRESIÓN

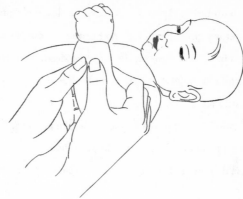

¿Recuerdas cómo lo hiciste con las piernas, presionando con los pulgares? Pues bien, ahora lo harás en lados opuestos del brazo, lo cual te permitirá detectar los músculos tensos. Coloca una mano a cada lado del brazo del bebé y presiona lenta y uniformemente con los pulgares mientras trabajas desde la parte superior del hombro hasta las manos.

El arrastre de los pulgares es excelente para el masaje de las manos. Aplica los dos dedos para deslizarlos por las palmas ejerciendo una ligera presión. Primero trabaja toda la palma de la mano trazando círculos, y después realiza un movimiento de arriba abajo. Los círculos con los pulgares estimulan todas las áreas de reflexología en las pequeñitas manos del niño. Finalmente, toma sus manos entre las tuyas como lo hiciste al empezar el masaje.

PASE DE PLUMA

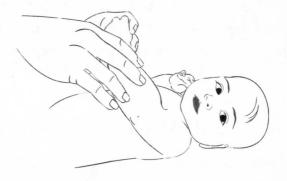

Concluye el masaje de los brazos aflojando tus manos y utilizando las yemas de los dedos para recorrerlos en toda su longitud, con levísimos golpecitos, desde el hombro hasta los dedos, deteniéndote unos segundos en la cadera. La presión es, en realidad, prácticamente imperceptible para el niño, pero su efecto relajante es incomparable. El pase de pluma proporciona una sensación de final a esta parte del masaje. Puedes sujetar la muñeca de tu hijo con una mano y realizar el pase con la otra, o bien soltarle el bracito y hacer el pase alternando las dos manos.

Si se resiste al pase de pluma, es posible que le estés haciendo cosquillas. Prueba con un movimiento de arrastre, que da magníficos resultados cuando se realiza después de una secuencia de golpecitos para estimular el cierre de los terminales nerviosos en la superficie de la piel y canalizar la tensión fuera del cuerpo. Arquea un poco las manos, en forma de garra, y arrástralas con la punta de los dedos con movimientos cortos y solapados, una mano después de la otra en una acción descendente y continuada. Efectúa el arrastre desde la parte superior del hombro hasta la punta de los dedos, y cuando hayas terminado, toma de nuevo sus manos entre las tuyas a modo de cierre de esta etapa antes de proseguir con el masaje de la cara.

Resumen de la secuencia de masaje de los brazos

1. **Ordeño Indio.** Apretar con suavidad desde el hombro hasta la muñeca.

2. **Apretar y girar.** Empezar en el hombro y continuar hasta la muñeca.

3. **Ordeño Sueco.** Apretar ligeramente desde la muñeca hasta el hombro.

4. **Enrollado.** Sujetar el brazo con las dos manos y girarlas como si se pretendiera estirar un pedazo de plastilina.

5. **Círculos con los pulgares y arrastre con presión.** En la parte superior de la mano, alrededor de la muñeca, en la palma y enrollando cada dedo.

6. **Pase de pluma.** Todo el brazo con suaves golpecitos.

Cómo relajar a un bebé nervioso

Algunos médicos sugieren que si el bebé está nervioso puedes cruzar sus brazos en el pecho y envolverlos en una manta bien ceñida. Esto da resultado con la mayoría de los niños, aunque a algunos no les gusta la sensación. Cuando era un recién nacido, a mi sobrino Noah le disgustaba que le envolvieran los brazos. Sin embargo, mi hermana Cheryl ha descubierto que si se los cruza en el pecho, los envuelve y luego lo acuesta de lado de manera que queden inmóviles, se tranquiliza y duerme bien.

Brazos y manos: hitos en su desarrollo

Tu hijo es único en el sentido más amplio de la palabra. Su aspecto, nivel de actividad, pautas de sueño, etc. varían de los de los otros bebés de la misma edad y sexo. Se necesita tiempo para comprender estos ciclos y pautas y no hay que preocuparse si la secuencia de etapas se demora algunos días o semanas. Recuerda siempre que es un individuo único. Algunos bebés tienen una personalidad más sociable que otros, los hay más arriesgados que otros, etc.

El masaje te ofrece un instrumento extraordinario que te permitirá conocer todas estas cosas acerca del temperamento de tu hijo y el proceso de crecimiento. A su vez, tu estado de ansiedad se disipará cuando empieces a observar avances específicos, ya sean de mayor o de menor importancia. Sólo deberías preocuparte en el caso de que tu bebé se demore reiteradamente en varios hitos de su desarrollo en relación con su grupo de edad, en cuyo caso es recomendable consultar con el pediatra, tanto para despejar dudas como para tu propia tranquilidad.

EN EL ÚTERO

Día 24. Los brazos empiezan a formarse en el feto.

Día 33. Se distinguen las manos y los hombros.

Días 36 a 42. Aparecen los codos, las muñecas y los dedos.

DESPUÉS DEL NACIMIENTO

Primer mes. Los brazos se mueven bruscamente y se flexionan. A menudo se abren y se mueven incontroladamente como respuesta a un reflejo de sobresalto. El bebé empieza a coger cosas cuando se las pones en la mano. Se evidencia el reflejo Moro, estimulado por cambios súbitos de luz o sonido. Este reflejo se caracteriza por la extensión de los brazos y una rápida inspiración, seguido de la unión de los brazos como si estuviera abrazando algo. Desaparece alrededor del sexto mes, sustituido por una pauta de sobresalto más adulta.

Otro reflejo común en esta edad es el de «rastreo». El recién nacido vuelve la cabecita en la dirección del pecho de la madre o del biberón. Si le das unos golpecitos en la mejilla, abrirá la boca casi de inmediato. Este reflejo continúa durante un par de meses, y combinado con la succión, lo ayuda a obtener el alimento necesario y le proporciona bienestar, lo que demuestra succionando la mano y el pulgar.

Segundo mes. El bebé controla mejor el movimiento de los brazos. Poco a poco, las respuestas a los reflejos son más voluntarias. Los puños se relajan, la succión del pulgar continúa como mecanismo de bienestar e intenta atrapar un juguete en movimiento y a sujetar cosas con la mano durante más tiempo.

Tercer mes. Los brazos de tu hijo son lo bastante fuertes como para levantar la cabeza y el pecho cuando está echado boca abajo. Ahora alcanza objetos y muestra señales de preferencias en la textura.

Cuarto mes. El control de los brazos continúa mejorando. Coge cosas con las dos manos y las manipula, llevándoselas a la boca instintivamente.

Quinto mes. El bebé empieza a alcanzar objetos con una mano, se los pasa a la otra y luego se los lleva a la boca. Observarás que sus manos empiezan a ajustarse a la forma del objeto y que le encanta juguetear con el pelo, las joyas y sus propios pies.

Sexto mes. El niño empieza a utilizar a propósito una mano para coger objetos, llevárselos a la boca y luego tirarlos. Le gusta muchísimo arrojarlos repetidamente para oír el sonido asociado y observar tu respuesta. Intenta alcanzar cosas que están más allá de su alcance.

Séptimo mes. El bebé alcanza y sujeta un juguete con los dedos en lugar de la mano. Agita, aporrea y experimenta con todo. Se pasa los juguetes de una mano a la otra e incluso coge dos cosas a la vez. Ahora ya es capaz de depositar un objeto en un lugar específico.

A estas alturas, es posible que tu hijo ya sepa soportar el peso del cuerpo con las manos o que simule la natación con los brazos. Es el preludio del gateo o una versión del mismo. Algunos pequeñines se arrastran o ruedan por el suelo. Utilizar las manos (los dos lados del cuerpo) para impulsarse y mostrarse interesado por su entorno es una excelente señal en su desarrollo motriz.

Octavo mes. Tu hijo juega con los dedos de los pies; es capaz de coger objetos más grandes con el pulgar, índice y corazón; usa las dos manos, indistintamente, para gatear y jugar; y la habilidad de arrojar cosas va en aumento (¡a menudo para frustración o desconcierto de los padres!).

Ten cuidado, el gateo sólo despertará la atención del pequeño durante un corto período de tiempo. Muy pronto intentará utilizar los brazos y las manos para trepar. Vela por su seguridad; enséñale a sentarse cuando se ha puesto en pie y estate preparado para una infinidad de lloriqueos derivados de las pérdidas de equilibrio.

Noveno mes. Se desarrolla la sujeción de pinza, lo que permite al niño coger objetos de menor tamaño. Le encanta señalar y es probable que empiece a mostrar su preferencia en el uso de una u otra mano. Puede golpear dos objetos y se lo pasa en grande arrojándolos. Empieza a hacer rodar pelotas, amontonar juguetes y abrir y cerrar cajas con gran deleite por su parte. Procura que los objetos a su alcance sean seguros, pues tenderá a llevárselos a la boca.

Décimo mes. ¡Ha llegado la hora de acondicionar la casa «a prueba de niños», si es que no lo has hecho antes! Intenta encajar un objeto dentro de otro y continúa perfeccionando sus habilidades motrices.

Undécimo mes. La sujeción es mucho más firme. Sigue experimentando con objetos, haciéndolos rodar, pellizcándolos, etc. Enséñale el extraordinario juego de «coger y meter» pequeños objetos en un gran recipiente. A los niños de esta edad les fascina. Empezará a querer comer solo, pero con escaso éxito, ya que el control de la muñeca no se ha perfeccionado. ¡Compra pañales y toallitas húmedas en abundancia!

Un año. Tu hijo empieza a mostrar preferencia por los juguetes con partes móviles. Es cada vez más hábil e inteligente, y utiliza otro objeto para alcanzar algo que está fuera de su alcance. También empieza a jugar con bloques de construcción y a usar la boca como una tercera mano para sujetar cosas.

¡Las manos!

- En el feto humano las manos se distinguen a modo de diminutos «remos» carnosos en el extremo de las extremidades superiores hasta el sexto mes de gestación. A partir de ese momento empiezan a asomar los dedos. Poco después, las manos y los brazos realizan movimientos de vaivén en el líquido amniótico.

- Los bebés nacen con una habilidad incipiente para coger y sujetar objetos.

- A los cinco meses de vida, utilizan los brazos y las manos para «calcular» el tamaño y la dureza (o blandura) de los objetos que tienen a su alcance.

- Nuestro cerebro dedica una parte inusualmente extensa de su superficie a las manos y los dedos. A decir verdad, las manos del bebé están conectadas por fibras a una amplísima gama de áreas sensoriales, motrices y de asociación de la mente, sentando las bases del aprendizaje no verbal (p. ej., lo que le enseñas a través del masaje).

- Las manos tienen 27 huesos, 33 músculos, 20 articulaciones y 20 tipos diferentes de fibras nerviosas, mientras que los brazos sólo tienen seis nervios principales y tres huesos.

Capítulo 6

MASAJE DE LA CARA

*U*na vez terminado el masaje de los brazos y las manos, estás de frente a tu hijo, con sus manos entre las tuyas y mirándolo a los ojos. Es un buen momento para considerar lo que has aprendido en el Capítulo 1 acerca de los vínculos afectivos. Recuerda que al final de la sesión, el niño estará boca abajo y habrás perdido todo contacto visual con él.

Cuando lo acuestes boca abajo durante el masaje, es muy probable que se quede dormido. **(AD-VERTENCIA: No lo dejes durmiendo boca abajo después del masaje; aumentaría el riesgo del síndrome de muerte súbita.)** Aunque tu tacto y tu voz seguirán reconfortando al pequeñín, a menudo es aconsejable dedicar unos minutos más cara a cara para conectar mejor con él.

Veamos algunas cosas que también deberías tener en cuenta durante el masaje de la cara. Muchos bebés, especialmente durante los tres primeros meses, acumulan tensión en el rostro y el cuello como consecuencia del llanto, succión, dolor en las encías e interacción con el entorno. Este masaje constituye una forma extraordinaria de aliviarla, establecer contacto visual y fortalecer los vínculos afectivos con tu hijo.

El método que te enseñaré se basa, en parte, en un estilo de masaje llamado Masaje Indio de la Cabeza, el más popular en aquel país y que incluye pases en la parte superior de la espalda, hombros, cuello, cabeza y cara. Fue desarrollado como parte del sistema curativo ayurvédico practicado en India durante miles de años.

El Masaje Indio de la Cabeza es un proceso sistemático. Está diseñado para liberar la tensión, las capas musculares y el tejido de conexión, dejando espacio para que los músculos se distiendan y se relajen. Se utiliza un ritmo firme, aunque sutil, y el efecto no es sólo físico, sino que también contribuye a equilibrar las emociones. Este tipo de masaje tranquilizará a tu hijo al igual que lo hace con los adultos.

Beneficios del Masaje Indio de la Cabeza

- Alivia el estrés y la tensión en los músculos adyacentes.
- Proporciona una sensación de bienestar general.
- Alivia los dolores de cabeza, oído y dentición.
- Estimula la circulación y aumenta el flujo linfático.
- Estimula la piel y los terminales nerviosos situados debajo de la misma.
- Fomenta elevados niveles de alerta y concentración.

El único problema que se puede plantear es que no a todos los bebés les gusta el tacto cerca de la cara. Les provoca un reflejo de sobresalto. Algunos niños pueden echarse a llorar al apoyar las manos en el rostro demasiado deprisa. Para evitarlo, empieza esta parte del masaje apoyándolas lenta y suavemente en diversas áreas de la cabeza, incluyendo las siguientes:

- Frente, sienes y base del cráneo
- Cejas y párpados
- Nariz
- Mejillas
- Alrededor de la boca
- Orejas y áreas adyacentes.

Actúa con un tacto firme; si es excesivamente delicado le harás cosquillas. Deja que se acostumbre a tus manos alrededor de la cara. Mantenlas en cada posición durante algunos segundos hasta que se relaje, y luego pasa a otra área.

Sólo entonces deberías empezar el masaje. Calienta un poco de aceite en las manos, asegurándote de que no gotee. ¡Cuidado! Evita siempre los ojos y la boca. En realidad, si te ha quedado un poco después de los masajes anteriores durante la sesión, no hace falta añadir más.

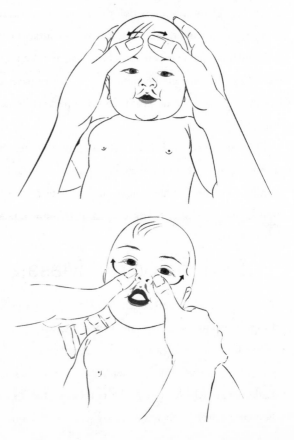

En la cabeza y la cara del niño hay muchas más áreas de trabajo de las que podrías imaginar. Empieza con los pulgares. Desplázalos por la frente a partir del centro y moviéndote hacia los lados, como si intentaras alisar las páginas de un libro. Actúa con lentitud, manteniendo una presión firme. Puedes empezar en la línea del cabello y avanzar hacia las cejas con cada pase.

A continuación, mueve las manos hasta la nariz, y con la punta de los dedos, desplaza los pulgares desde la nariz hasta las sienes. Mantén una presión firme pero ligera. No tires nunca de la piel del niño. Los dedos se deben deslizar suavemente, tal y como lo haces cuando te maquillas los párpados. Repítelo varias veces, dejando que las puntas de los dedos continúen hasta las mejillas y luego el mentón. Repite varias veces esta secuencia, dependiendo siempre de la mayor o menor respuesta de satisfacción del bebé.

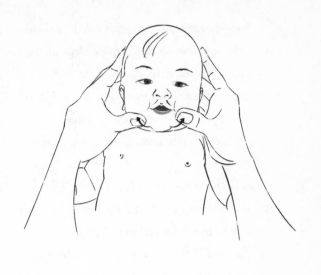

Cuando estés muy cerca del mentón, pasa los pulgares hacia fuera a lo largo de la línea maxilar. Les suele encantar y a menudo reaccionan con una amplia sonrisa. Después, traza pequeños círculos con los dedos en el maxilar. Esto alivia a los niños que tienen dolor de encías o que succionan mucho. Ahora desplaza los pulgares hacia arriba, por debajo del mentón, para relajar el área maxilar. Si no tienes demasiado aceite en las manos, resigue la silueta de los labios. (De lo contrario, sécate un poco.) No te extrañes si el niño empieza a girar la cabeza en busca de tu pecho o del biberón. Es una respuesta perfectamente normal.

Acto seguido, desliza las puntas de los dedos índice y corazón hasta el área situada debajo de los ojos, y traza pequeños círculos muy lentamente alrededor de los ojos. Trabaja también las cejas, desde el borde interior hasta el exterior. Por último, pasa a las orejas usando los pulgares y la punta de los dedos. Puedes hacer el masaje en las dos orejas al mismo tiempo, resiguiendo el borde de las mismas y su cara posterior, desplazándote acto seguido hasta el mentón. Este pase es muy reconfortante cuando el niño tiene dolor de encías. Estimular las orejas de este modo también toca todos los puntos de reflexología en esta área. ¡Hay tantos como en las manos y los pies!

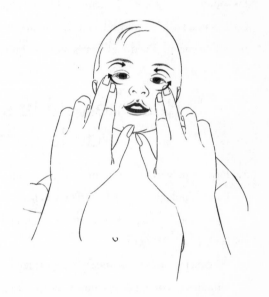

Luego pasa a la cabeza y el cabello (si lo tiene). Es un área extremadamente sensible y saturada de terminales nerviosos. La receptividad al tacto es extraordinaria. El masaje en la cabeza y el cuello relaja profundamente.

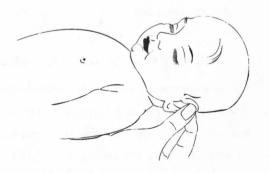

Experimenta con otros pases y dedícales todo el tiempo que consideres oportuno, dependiendo siempre de la respuesta de bienestar de tu hijo. Aunque «inventes» algunos pases, lo verdaderamente importante es el cariño y el amor con el que lo haces. Personalmente, me gusta apoyar la palma de las dos manos en la cabecita del niño y acariciarle lentamente los dos lados de la misma. Es un momento ideal para establecer contacto visual y fortalecer los vínculos afectivos.

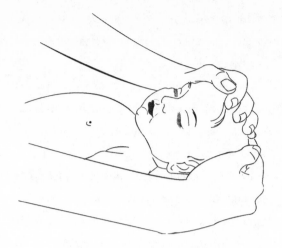

Termina el masaje de la cara y la cabeza apoyando delicadamente la palma de las manos en las orejas del pequeño, ahuecándolas para apagar un poco los sonidos del entorno. Quédate así durante algunos segundos para que el bebé sienta el calor de tus manos. Es una posición muy relajante que lo ayuda a concentrarse en ti y a bloquear todo cuanto pueda distraer su atención. Puedes utilizarla siempre que quieras reenfocar la atención de tu hijo.

Resumen de la secuencia de masaje de la cara y la cabeza

1. **Pase de pulgares en la frente.** Desde el centro hacia fuera y hasta la línea del cabello.
2. **Pase de pulgares desde la nariz hasta las sienes.** Luego repítelo desplazándolos hacia fuera desde la nariz hasta las mejillas, avanzando con las puntas de los dedos, con cada pase, a lo largo de las mejillas y hasta el mentón.
3. **Pase de pulgares en la línea maxilar.** Luego traza la silueta de los labios.
4. **Círculos alrededor de los ojos.** Con las puntas de los dedos, y a continuación siguiendo las cejas desde el borde interior al exterior.
5. **Estimulación de las orejas.** Con la punta de los dedos.
6. **Ahuecar las manos en las orejas.** Mantener la posición durante algunos segundos.

DESARROLLO DEL CEREBRO Y LA CABEZA DEL BEBÉ

Gestación (semana 6-7). El conducto neural empieza a formar el cerebro. Durante la sexta semana, las diversas regiones y cámaras del cerebro siguen creciendo y definiéndose. A lo largo de este proceso, la cabeza del niño se proyecta hacia fuera y se redondea. Los ojos y las orejas parecen pequeños huequecitos, y empiezan a formarse las cavidades nasales y la boca.

Gestación (semana 12). La cabeza continúa redondeándose. La cara ya está formada.

Gestación (semana 16). En la ecografía se distingue con claridad la cabeza del niño, que incluso se mueve.

Gestación (semana 30). La cabeza está proporcionada con el resto del cuerpo.

Gestación (semana 36). Cuando el bebé está despierto, sus ojos se abren y es capaz de diferenciar entre la luz y la oscuridad.

Recién nacido. Los músculos del cuello son bastante débiles al nacer. Cuando lo cojas en brazos, sujétale la cabecita y el cuello por lo menos durante el primer mes. Es una excelente oportunidad para estrechar los vínculos afectivos.

Un mes. El niño mantiene la cabeza/cuello ligeramente levantados cuando está boca abajo. Gira de un lado a otro.

Dos meses. Sostiene la cabeza levantada hasta un ángulo de 45º cuando está boca abajo. Aumentan las expresiones faciales. Alrededor de las 6 a 8 semanas puede empezar a levantar un poco la cabeza cuando está boca arriba. Si lo sostienes en brazos, tiene el control suficiente para sostener la cabeza en equilibrio inestable, aunque por poco tiempo. También es lo bastante fuerte como para mantener la cabeza erguida en la sillita de seguridad del coche, la sillita de paseo o una mochila delantera.

Cuatro meses. Ahora hace gala de un buen control de la cabeza, incorporándose para sentarse y también cuando ya lo está. Un juego divertido que contribuye a desarrollar los músculos del cuello consiste en echarlo boca arriba y tirar lentamente de sus manos hasta la posición de sentado, para luego invertir la secuencia. Repítelo varias veces. Si lo deseas, puedes incorporarlo a los estiramientos premasaje o en el masaje de los brazos y las manos.

Seis meses. Mantiene una buena alineación de la cabeza y el tronco en una superficie estable. Los músculos del cuello son más fuertes y capaces de sostener la cabeza erguida. Asimismo, se puede flexionar hacia delante cuando se le tira de las manos para que se siente. En esta etapa la mayoría de los bebés empiezan a rodar, sentarse sin ayuda y gatear.

Ocho meses. El 80 % del crecimiento de la cabeza se produce durante los doce primeros meses, ralentizándose considerablemente a partir del sexto mes. Por término medio, el perímetro de la cabeza mide alrededor de 44 cm a los 8 meses y 46 cm a la edad de un año.

Dieciocho meses. Los expertos estiman que el hipotálamo ha madurado en un 40 % en el momento de nacer, un 50 % a las 6 semanas, y es plenamente maduro a los 18 meses. De ahí que algunos investigadores aseguren que incluso los recién nacidos tienen capacidad para recordar.

La expresión facial del bebé

Tu hijo puede «hablar» contigo mediante un lenguaje no verbal. Las sesiones de masaje te ofrecen la excelente oportunidad de analizar y aprender este lenguaje.

Una de las formas en las que «hablan» los bebés es a través de los ojos. Los niños usan sus ojos para llamar tu atención. Los recién nacidos enfocan la visión entre 18 y 30 cm, es decir, la distancia que media entre ambos cuando lo tienes en brazos y la ideal para establecer un contacto visual durante el masaje. Cuando os miráis, su expresión se anima y los ojos se abren más para observarte intencionadamente y explorar tu rostro (¡para delicia de mamá o papá!). Si desvías la mirada, es probable que haga algún ruido o que mueva los brazos para llamar de nuevo tu atención. Es importante que te fijes en estas pequeñas reacciones de tu hijo cuanto antes; te ayudarán a comprender lo que está intentando comunicarte y, en definitiva, a satisfacer sus necesidades.

Una vez establecido el contacto visual, el bebé puede desviar la mirada de vez en cuando. Esto le proporciona unos instantes de descanso en los que procesa los estímulos visuales recibidos. Luego volverá a mirarte y el proceso de comunicación proseguirá. Empieza con expresiones faciales y movimientos simples. Por ejemplo, simula una «O» con los labios. Si el niño te puede ver con claridad, te imitará. Lo mismo ocurre si sacas la lengua. Los bebés son imitadores extraordinarios y reflejan tus expresiones como si de un espejo se tratara. A la edad de seis semanas, tus esfuerzos se verán recompensados con sonrisas y grititos de alegría. También existen otras respuestas físicas. Así, por ejemplo, si tensa los músculos, es señal de excitación. Observa estas señales durante todo el proceso de masaje para que podáis aprender juntos.

Capítulo 7

MASAJE DE LA ESPALDA

·

a espalda suele ser la parte más relajante del masaje para bebés que intentan repetidamente erguir la cabeza y gatear. Te resultará más cómodo si te sientas en un sofá o una silla. Extiende una toalla sobre las piernas y coloca a tu hijo boca abajo, con la cabecita apoyada en una almohada. Lo más probable es que, en esta posición, vuelva la cara hacia ti para mirarte.

Veamos la secuencia de técnicas de masaje en esta área del cuerpo.

PASE DESCENDENTE 1

Calienta un poco de aceite entre tus manos y apoya una en las nalgas del bebé, mientras deslizas la otra, con suavidad, a lo largo de toda su espalda, desde la nuca hasta las nalgas. Trabaja los dos lados por igual, desde la parte superior del hombro hasta las nalgas. Si dispones de mi body de masaje, este pase corresponde a las flechas azules en la cara posterior.

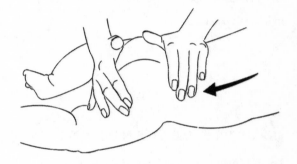

PASES CRUZADOS EN LA ESPALDA

Apoya las manos en la espalda del niño, alternando los pases de lado a lado de la espalda, en direcciones opuestas, adelante y atrás, avanzando hacia las nalgas y luego hasta los hombros. Con este pase, tus manos están perpendiculares a la espalda de tu hijo, con las puntas de los dedos apuntando hacia el costado más alejado de ti. Trabaja con movimientos lentos y rítmicos. En mi body, este pase corresponde a las flechas verdes en la cara posterior.

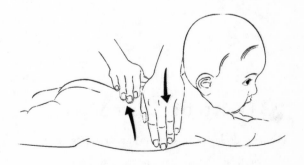

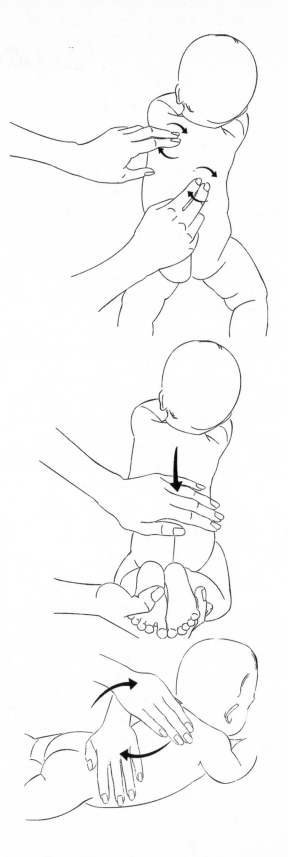

PEQUEÑOS CÍRCULOS CON LOS DEDOS

Coloca los dedos índice y corazón de cada mano a cada lado de la columna vertebral del pequeñín y traza pequeños círculos desde la nuca hasta las nalgas. Puedes alternar las manos, moviéndolas desde un lado de la columna hasta el otro. Tómate tu tiempo y no olvides hablarle suavemente para tranquilizarlo, pues es posible que en esta posición no pueda verte. A medida que vaya creciendo advertirás los cambios en el desarrollo de los músculos de la espalda. En mi body de masaje, este pase corresponde a las flechas color lavanda en la cara posterior.

PASE DESCENDENTE 2

Apoya la mano más próxima a los pies en las nalgas del niño mientras que con la otra avanzas desde la nuca hasta las nalgas a lo largo de toda la espalda. Repítelo varias veces. A continuación, cógele las piernas con una mano y sigue trabajando el pase descendente a lo largo de toda la espalda y las piernas.

PASE DEL GATO

Alternando las manos, como si acariciaras un gatito, deslízalas muy suavemente a lo largo de la espalda, una mano después de la otra.

CÓMO FINALIZAR EL MASAJE DE LA ESPALDA

Cuando hayas realizado todos los pases, apoya las manos en el centro de la espalda al igual que hiciste con el masaje del pecho. Inspira y expira profundamente tres veces con los ojos cerrados y disfruta de la maravillosa sensación de tu hijo completamente relajado bajo tus manos. Una vez más, de lo que se trata es de crear una pauta reconocible para el bebé. Cuanto más regular seas en los puntos de conclusión, más cómodo y seguro se sentirá con la rutina de masaje y mayores serán también los beneficios derivados de ella.

Resumen de la secuencia de masaje de la espalda

1. **Pase descendente 1.** Apoya una mano en las nalgas y avanza con la otra desde la nuca hasta las nalgas.

2. **Pases cruzados en la espalda.** Mueve las manos adelante y atrás en direcciones opuestas, recorriendo la espalda hasta las nalgas y luego hacia arriba hasta los hombros y la nuca. Repítelo varias veces.

3. **Pequeños círculos con los dedos.** Traza pequeños círculos en toda la espalda con las puntas de los dedos, alternando las manos y deslizándolos desde un lado hasta el otro de la columna vertebral.

4. **Pase descendente 2.** Apoya una mano en las nalgas, sin moverla, y usa la otra para trabajar la espalda desde la nuca. Sujeta las piernas con una mano y repite el pase con la otra, esta vez hasta las piernas y los tobillos para conectar el cuerpo.

5. **Pase del gato.** Rastrea la espalda con los dedos empezando por la nuca y hacia las nalgas. Cada paso debe ser más ligero hasta convertirse en el Pase de Pluma comentado en capítulos anteriores.

La espalda

El cuerpo de tu hijo es tan fuerte como la espalda que lo soporta. La espalda del recién nacido seguirá estando redondeada como resultado de su posición en el útero materno. Aun así, desde los primeros días de vida, el niño empezará a estirar los músculos que soportan la columna vertebral, proporcionándole una mayor flexibilidad.

A medida que el niño va creciendo, el desarrollo sano de la columna es esencial para el progreso de las habilidades motrices avanzadas. Esto es debido a que la columna es el pilar central de soporte no sólo de la cabeza y el corazón, sino también de los pulmones y órganos digestivos. Es una columna hueca y flexible compuesta por treinta y tres huesos que realiza cuatro curvas simétricas y opuestas para equilibrar y contrarrestar el peso que soporta. Verdadero «árbol de la vida», la columna vertebral aloja el sistema nervioso, y en cada una de sus articulaciones se proyectan y multiplican dos raíces nerviosas que conectan con cada parte viva del organismo. La fortaleza y flexibilidad de la columna es crucial para:

- la salud del sistema nervioso
- la postura y su relación con la gravedad
- la flexibilidad del tórax y la capacidad respiratoria
- la relajación del abdomen y del tracto digestivo.

Por cierto, es muy importante que el bebé tenga una cama con el suficiente espacio para moverse mientras duerme. La columna vertebral crece principalmente cuando está dormido, de manera que es esencial que disponga de una cuna o cama con barrotes que eviten caídas.

Los músculos de la espalda sentado y de pie

A los cuatro meses observarás que tu hijo junta los omóplatos cuando lo sostienes en la posición de sentado o de pie, aunque todavía no puede moverse o sentarse y jugar por sí solo. Entre el sexto y noveno mes ya será capaz de hacerlo. Éste el momento en el que el masaje de la espalda es más beneficioso.

En el sexto mes, el niño continúa desarrollando sus habilidades para sentarse; Alrededor del séptimo lo hará él solo; y entre el décimo y duodécimo mes se pondrá de pie. La secuencia de aprendizaje para sentarse y estar de pie es fascinante. En los primeros meses, su espalda es muy débil. Alrededor del tercer y cuarto mes se fortalece la parte inferior de la espalda y empieza a incorporarse, aunque a menudo se desploma; entre el cuarto y el quinto se sigue desplomando, pero empieza a extender los brazos hacia delante y hacia los lados. En esta etapa usa los músculos de la espalda, que se fortalecen para que pueda sentarse. Estar sentado y de pie requiere un equilibrio que sólo se consigue con unos músculos de la espalda fuertes y desarrollados.

Cuando ya utiliza estos músculos, el masaje de la espalda es muy relajante, además se ser una de las partes favoritas para el masaje tanto para los bebés como para los niños más mayorcitos.

Capítulo 8

> El principal sentido en nuestro cuerpo es el «sentido del tacto»... Sentimos, amamos y odiamos, tocamos y nos tocan a través de los corpúsculos táctiles de nuestra piel.
>
> J. Lionel Tayler, The Stages of Human Life

Si has llegado hasta aquí y has aprendido y practicado el masaje de las diferentes partes del cuerpo de tu hijo, estarás listo para seguir adelante y ofrecerle una rutina completa de masaje. Ten en cuenta la posibilidad de que el niño no siempre se muestre receptivo a un masaje completo. Le puede gustar un masaje en las piernas o el vientre, pero resistirse si lo intentas en los brazos, por ejemplo. Sin embargo, incluso con un masaje en una o dos áreas el pequeñín se beneficiará de la calidez de tu tacto. Más adelante, a medida que se vaya acostumbrando a la sensación del masaje, podrás probar en otras áreas.

Antes de repasar la secuencia de las técnicas, intentaré despejar algunas dudas que podrías tener. Dado que es difícil recordar todos los pases del masaje del bebé, te sugiero utilizar este capítulo a modo de guía durante la sesión.

Preguntas frecuentes

P. ¿Qué debería hacer primero?

R. Antes de empezar el masaje, consulta a tu pediatra.

P. ¿Cuándo debo empezar el masaje de mi hijo?

R. Con la previa autorización del pediatra, puedes empezar el mismo día en que salgas del hospital y lo lleves a casa.

P. ¿Con qué frecuencia debería hacer un masaje a mi hijo?

R. Hasta el sexto o séptimo mes, la mayoría de los bebés se beneficia muchísimo de un masaje diario. A medida que tu hijo se muestre más activo, podrías limitarlo a un par de veces por semana.

P. ¿Cuánto tiempo debería durar el masaje?

R. Dado que la mayoría de los bebés son muy activos y no están quietos en una posición, un masaje completo no debería durar más de veinte minutos. Incluso un masaje diario de pocos minutos te ayudará a sintonizar con su lenguaje corporal y aprender a interpretar sus estados de ánimo, sensaciones y necesidades.

P. ¿Cuándo debería evitar el masaje?

R. Espera siempre cuarenta y cinco minutos después de las tomas. También deberías evitarlo en caso de:

- Enfermedad. No le des un masaje si está enfermo. Consulta a tu pediatra antes de hacerlo.
- Erupciones e infecciones. No trabajes las áreas irritadas o infectadas.
- Vacunas. Es preferible esperar por lo menos una semana antes de darle un masaje después de la vacunación. Evita el masaje directo en el área de la inyección; puede estar muy sensible.

P. ¿Cuándo debería hacer un masaje a mi hijo?

R. El mejor momento es cuando los dos estáis relajados. Observa el comportamiento del niño. Si empiezas y se resiste o disgusta, lo mejor es interrumpir la sesión y dejarlo para más tarde. No fuerces el masaje. Cada bebé es diferente; pruébalo en distintos momentos del día hasta encontrar el ideal para ambos. Después del baño suele dar excelentes resultados.

P. ¿Dónde debería hacer el masaje?

R. Los bebés se relajan más fácilmente si están en un entorno cálido. Elige pues una habitación cálida y silenciosa. Incluso puedes poner música clásica o nanas de fondo.

P. ¿Qué material necesito?

R. Vas a necesitar los utensilios siguientes:

- «Tranquilizador» cubierto con una toalla
- Otra toalla para limpiarte las manos
- Aceite inodoro vegetal (de almendra o de sésamo). Te recomiendo los aceites nutritivos 100 % naturales y «aptos para el consumo» en lugar de los productos comerciales con una base inorgánica de petróleo, que pueden perjudicar el delicado tracto digestivo del bebé. El aceite inodoro es el mejor, ya que el sentido del olfato está muy desarrollado en los pequeñines, y la identificación del olor de la madre es un factor muy importante en el establecimiento de vínculos afectivos.

P. ¿Debería hacer algo más?

R. Dedica unos minutos a lavarte a conciencia las manos y a limar las uñas para eliminar los bordes agudos. Procura que éstas no sean demasiado largas.

P. ¿Qué debo hacer si llora?

R. Si en cualquier momento de la sesión de masaje tu hijo se echa a llorar, no lo interrumpas de inmediato. El tacto alivia mucha tensión y puede provocar ganas de llorar incluso en los adultos. Continúa durante algunos minutos, hablándole suavemente, o simplemente apoya las manos en el cuerpo del niño mientras le hablas. Además del llanto, el pataleo y desvío de la mirada también son signos de sobreestimulación. Tenlo presente y acorta la sesión de masaje, tal vez unos pocos minutos en una sola parte del cuerpo, trabajando esta área durante una semana. Localiza el punto que menos desagrada a tu hijo y aplica el masaje sólo en esa área hasta que se sienta más cómodo. Luego pasa a otra. También puedes hacer un descanso y realizarle algunos estiramientos de brazos y piernas. A menudo, este cambio interrumpe el llanto. Espera un poco y continúa. Si no deja de llorar después de un breve descanso, recuerda dónde le estabas haciendo el masaje. Por ejemplo, si era en el vientre, tal vez tenga gases o dolor de estómago, o si era en un brazo, quizá le haya quedado dolorido durante el parto. Aprovecha esta extraordinaria oportunidad de aprender cómo tu hijo expresa su malestar.

Técnicas de masaje para bebés

Si tienes mi body de masaje, sigue las flechas y desliza suavemente las manos por encima. Más adelante, cuando te hayas acostumbrado, haz lo mismo por debajo del body, realizando el masaje directamente en la piel de tu hijo. Finalmente, cuando ya te hayas familiarizado con los pases y la dirección en el movimiento de las manos, quítaselo.

Ejerce una presión ligera y regular. Con frecuencia los bebés se sienten incómodos si los tocas con excesiva suavidad y les haces cosquillas. Si se pone nervioso transcurridos algunos minutos, pasa a otra área del cuerpo.

Recuerda que, en masaje, el «pase perfecto» no existe. Siempre que trabajes con delicadeza y lo acaricies con amor, sus resultados serán maravillosos.

Cómo empezar el masaje del bebé

Sitúa al niño frente a ti, míralo a los ojos y muéstrale las manos. Dile «¿Te apetece un masaje?». Observa su reacción y si su actitud es receptiva. A continuación, calienta un poco de aceite en las manos y sigue hablándole.

Para que se acostumbre a tu tacto, empieza por las piernas y los pies, las partes menos vulnerables de su cuerpo.

PIERNAS

1. **Ordeño Indio.** Ligera presión desde la cadera hasta el tobillo.
2. **Apretar y girar.** Empezar en la cadera y continuar hasta el tobillo.
3. **Pase de pulgares.** En la parte superior e inferior del pie, y alrededor del tobillo.
4. **Ordeño Sueco.** Suave presión desde el tobillo hasta la cadera.
5. **Enrollado.** Acción de enrollar la pierna entre las manos desde la rodilla hasta el tobillo.
6. **Pase de pluma o arrastre.** Pases ligeros en toda la pierna con las yemas de los dedos o las manos levemente arqueadas, en forma de garra.

PIES

1. **De paseo con los pulgares.** Dado que los pies de los bebés son muy pequeños, te recomiendo esta técnica, que te permite estimular áreas más grandes en el pie e influir en todos los sistemas orgánicos en lugar de centrarte en puntos de reflejo específicos. Sujeta el talón con la mano de apoyo y coloca el pulgar en el área de reflejo que deseas trabajar. (En este capítulo encontrarás un gráfico de reflexología e información acerca de los sistemas orgánicos específicos en los que actúa cada área.)

    Con un movimiento de «oruga», flexiona la primera articulación del pulgar y desplázalo lentamente desde el talón hasta los dedos, siempre hacia delante, nunca hacia atrás. Para trabajar todo el pie con el «paseo con el pulgar», te aconsejo dividirlo en cinco secciones con líneas horizontales (pelvis, cintura, diafragma y cuello/hombros). Cuando llegues a la sección superior, desplaza de nuevo el dedo hasta la línea de partida, reiniciando el proceso. Con esta técnica trabajarás todo el pie.

VIENTRE

1. **Pase descendente.** Alternando las palmas de las manos desde la caja torácica hasta la parte superior de las piernas.
2. **Pase circular.** Masaje alrededor del ombligo en la dirección de las manecillas del reloj.
3. **Pases dactilares.** Pases cortos y solapados con los dedos, describiendo una «U» invertida.
4. **Pase de pulgar.** Con los pulgares juntos en el vientre del bebé y empujando suavemente hacia los costados.

5. **Almohadilla.** Sujetando las piernas del niño con una mano a la altura de los tobillos, o con las dos manos al mismo tiempo, según prefieras, y desplazando el borde blando de la palma de las manos (como si arrastraras arena hacia ti).

PECHO

1. **Pase de corazón.** Con las dos manos juntas en el centro del pecho del bebé.
2. **Pase de mariposa.** Cruzando las manos en «X» sobre el pecho, alternando las manos.

BRAZOS Y MANOS

1. **Ordeño Indio.** Apretar con suavidad desde el hombro hasta la muñeca.
2. **Apretar y girar.** Empezar en el hombro y continuar hasta la muñeca.
3. **Ordeño Sueco.** Apretar ligeramente desde la muñeca hasta el hombro.
4. **Enrollado.** Sujetar el brazo con las dos manos y girarlas como si se pretendiera estirar un pedazo de plastilina.
5. **Círculos con los pulgares y arrastre con presión.** En la parte superior de la mano, alrededor de la muñeca, en la palma y enrollando cada dedo.
6. **Pase de pluma.** Todo el brazo con suaves golpecitos.

CARA

1. **Pase de pulgares en la frente.** Desde el centro hacia fuera y hasta la línea del cabello.
2. **Pase de pulgares desde la nariz hasta las sienes.** Luego repítelo desplazándolos hacia fuera desde la nariz hasta las mejillas, avanzando con las puntas de los dedos, con cada pase, a lo largo de las mejillas y hasta el mentón.
3. **Pase de pulgares en la línea maxilar.** Luego traza la silueta de los labios.
4. **Círculos alrededor de los ojos.** Con las puntas de los dedos, y a continuación siguiendo las cejas desde el borde interior hasta el exterior.
5. **Estimulación de las orejas.** Con la punta de los dedos.
6. **Ahuecar las manos en las orejas.** Mantener la posición durante algunos segundos.

ESPALDA

1. **Pase descendente 1.** Apoya una mano en las nalgas y avanza con la otra desde la nuca hasta las nalgas.
2. **Pases cruzados en la espalda.** Mueve las manos adelante y atrás en direcciones opuestas, recorriendo la espalda hasta las nalgas y luego hacia arriba hasta los hombros y la nuca. Repítelo varias veces.
3. **Pequeños círculos con los dedos.** Traza pequeños círculos en toda la espalda con las puntas de los dedos, alternando las manos y deslizándolos desde un lado hasta el otro de la columna vertebral.

4. **Pase descendente 2.** Apoya una mano en las nalgas, sin moverla, y usa la otra para trabajar la espalda desde la nuca. Sujeta las piernas con una mano y repite el pase con la otra, esta vez hasta las piernas y los tobillos para conectar el cuerpo.

5. **Pase del gato.** Rastrea la espalda con los dedos empezando por la nuca y hacia las nalgas. Cada paso debe ser más ligero hasta convertirse en el Pase de Pluma comentado en capítulos anteriores.

Movimientos simples

Si deseas realizar un «precalentamiento» antes de empezar el masaje propiamente dicho, esta actividad puede ser ideal, sobre todo para los niños muy activos. A los bebés les encanta el juego con los brazos y las piernas. Estos suaves y divertidos movimientos lo ayudarán a estirarlos, a trabajar el estómago y la pelvis, y a alinear la columna vertebral. Repite cuatro veces cada movimiento.

PIERNAS

• Mirando al bebé, cógelo suavemente por los tobillos, júntale las rodillas y luego, lentamente, desplázalas hacia el vientre. A continuación, estíralas de nuevo.

• Flexiona y estira cada pierna, como si andara en bicicleta.

• Crúzale las piernas a la altura del vientre y estíralas. Luego invierte su posición, con la otra cruzada encima.

BRAZOS

• Sujeta las muñecas de tu hijo, estira los brazos hacia los lados y a continuación crúzalos a la altura de las muñecas. Estíralos de nuevo y crúzalos cambiando de brazo.

• Luego, eleva los brazos del niño delante de la cara y extiéndelos por encima de la cabeza, estirándolos con suavidad.

• Por último, sujeta un brazo por la muñeca y la pierna opuesta por el tobillo. Junta el brazo y la pierna de manera que se crucen en el vientre. Repítelo con el otro brazo y la otra pierna. Desplaza de nuevo el brazo y la pierna hasta su posición inicial y repite la cruz con el brazo y la pierna opuestos.

Tercera parte:
Técnicas curativas que satisfacen las necesidades del bebé

Capítulo 1

CURACIÓN CON REFLEXOLOGÍA

¡Enhorabuena! Has completado el aprendizaje de la rutina básica de masaje para bebés. Por ahora eso es todo. Si ya la has puesto en práctica por lo menos en una ocasión, te animo a que sigas adelante, poco a poco, hasta dominarla a la perfección. No te apresures. Ve a tu ritmo. El trabajo y los quehaceres domésticos no siempre te permitirán hacer un masaje en cualquier momento del día. Programa las sesiones a tu conveniencia. Cuando te hayas acostumbrado a la rutina básica, tal vez desees volver a este capítulo para aprender otra nueva.

La reflexología, una técnica especial para el masaje de los pies y las manos, añadirá una dimensión completamente nueva a lo que ya has aprendido hasta aquí. Ya conoces las técnicas básicas para estas áreas (si es necesario, consulta el Capítulo 5). Pues bien, en éste te enseñaré a utilizar el poder terapéutico de la reflexología, un antiguo arte curativo (y «holístico») que trata el cuerpo, la mente y el espíritu. El término «holístico» deriva de la palabra raíz «holos», que significa «todo». La reflexología no aísla una enfermedad y trata sus síntomas, sino que trata a la persona como un todo alimentando un estado de equilibrio y armonía. Esta terapia intenta llegar hasta la «raíz» de la patología y asegura un crecimiento y desarrollo sanos del bebé.

La reflexología es una de las formas más antiguas de masaje diseñada para trabajar la capacidad innata de autocuración del organismo. Se basa en la teoría según la cual existen zonas y áreas de reflejo en los pies y las manos que corresponden a todas las glándulas, órganos, partes y sistemas orgánicos. Mediante la presión de los pulgares, del dedo índice y de toda la mano en estas áreas de reflejo, se puede armonizar la energía en todo el cuerpo, mejorando la circulación y el funcionamiento eficaz de todos los procesos corporales, lo cual, a su vez, contribuye a eliminar los residuos de desecho del organismo y relaja y rejuvenece todas y cada una de las partes del cuerpo. De este modo, la reflexología es capaz de evitar o ayudar a curar muchos trastornos de salud. Es una forma segura y eficaz de potenciar el bienestar del bebé. En efecto, el objetivo de la reflexología es reeducar, reorganizar y reacondicionar los nervios para que el organismo se pueda curar por sí solo.

Cuando practiques la reflexología, procura tener *in mente* que tus manos están comunicándose con el espíritu, la psique, las emociones y el cuerpo de tu hijo. También debes recordar que cuando le apliques un tratamiento de reflexología, debes asegurarte de tener a mano agua pura u otra bebida sana para administrársela a su conclusión. Esto lo ayudará a eliminar toxinas del organismo de un modo más eficaz. También es beneficioso un baño después del tratamiento.

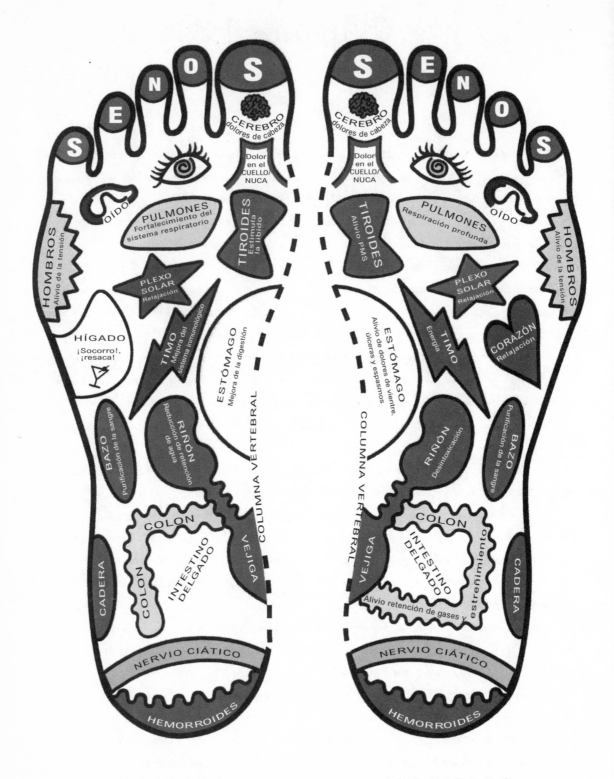

DERECHO   IZQUIERDO

Lo antiguo es nuevo

La evidencia más específica de la práctica de la reflexología en una cultura antigua fue el descubrimiento de un mural ilustrativo en la tumba de Ankhmahor, en Saqqara, también conocida como «tumba del médico». Ankhmahor era el oficial de mayor rango en Egipto después del faraón. El mural, que data del año 2330 a.C., describe claramente un sistema de masaje/presión en las manos y los pies, es decir, lo que hoy en día llamamos «Reflexología».

La reflexología y el bebé

Hay dos formas de reducir la reflexología a una rutina de masaje básica para bebés de veinte minutos. La primera consiste en desarrollar la sensibilidad para detectar las áreas «granulosas» (o «nudosas») en la planta de los pies del niño. Su causa reside en los depósitos cristalinos de calcio y ácido úrico que se desarrollan en la base de los nervios cuando existe un desequilibrio de energía a lo largo de su recorrido. Y sí, los bebés experimentan este tipo de desequilibrios. Los he detectado yo misma en pequeñines de apenas un mes.

Si encuentras un área «granulosa», trabájala durante varios minutos, intentando desmenuzar los cristales. El masaje en estos puntos elimina los bloqueos y restaura el flujo libre de energía a todo el cuerpo del bebé. No hace falta presionar con más fuerza o cambiar el método básico de masaje, sino simplemente dedicar más tiempo a estimular estas áreas.

Aunque no te creas capaz de detectarlas, deja que la intuición guíe tus dedos. Si lo haces así, es muy probable que actúes en el lugar correcto.

Seguir tu instinto es preferible a ponerte tenso y nervioso mientras intentas localizar el «punto» exacto, lo cual, a menudo, es difícil, ya que los pies del niño son muy pequeños. Cuando apliques tratamientos de reflexología a tu hijo, trabaja siempre con una suave presión y recordando que el objetivo fundamental es aprovecharla para transmitir amor y energía curativa.

Equilibrio de sistemas orgánicos específicos con reflexología

La segunda forma de incorporar la reflexología en el masaje del bebé consiste en concentrarse en un área problemática, localizar los puntos y prestarles una especial atención durante la etapa de masaje de los pies. Te sorprendería comprobar cuán eficaz resulta concentrarse en una área que «representa» un sistema orgánico determinado cuando el niño sufre una enfermedad de menor importancia. La estimulación de todas las áreas de reflejo correspondientes de los órganos implicados en uno de los diez sistemas orgánicos puede fortalecerlos y equilibrarlos para que funcionen lo mejor posible.

Te enseñaré a hacerlo para cada sistema orgánico. A medida que vayas leyendo el siguiente apartado, consulta el gráfico de reflexología de los pies. De este modo sabrás dónde debes presionar y realizar un suave masaje a tu hijo para conseguir los efectos deseados. Pero déjame hacer un especial hincapié en un aspecto muy concreto: no tienes que trabajar en cada una de las diez áreas cada vez que hagas un masaje en los pies del niño; céntrate en uno de ellos o deja, simplemente, que la intuición te guíe en la secuencia de digitopresión.

1. SISTEMA CARDIOVASCULAR

El sistema cardiovascular está compuesto por el corazón, los vasos sanguíneos y la sangre. La sangre circula por todo el cuerpo a través de la red de venas y arterias del bebé más de mil veces al día. El corazón es responsable del bombeo de la sangre a través de los vasos sanguíneos y hasta los pulmones, donde se libera el dióxido de carbono y se absorbe el oxígeno. El sistema cardiovascular no sólo suministra oxígeno, sino también minerales, nutrientes, hormonas y anticuerpos a todas las células del organismo. Cuando el estrés y la tensión se acumulan en el cuerpo, la circulación se debilita, el sistema cardiovascular se tensa y el flujo de sangre se reduce. Es pues extremadamente importante aliviar los niveles de estrés del bebé para que el sistema cardiovascular sea capaz de conducir un flujo suave y regular de sangre a todo el organismo.

Trabaja esta área si tu hijo muestra los síntomas iniciales de un resfriado o cuando haya estado echado en una determinada posición durante un largo período de tiempo. Los bebés con trastornos cardíacos se pueden beneficiar muchísimo de un masaje regular en esta área de los pies.

ÁREAS DE REFLEJO QUE HAY QUE ESTIMULAR

Corazón. Presiona con un dedo en el área de reflejo del corazón, situada en el pie izquierdo.
Vasos sanguíneos y sangre. Haz un masaje con los pulgares cruzados y en «V» en las plantas de los dos pies.

2. SISTEMA DIGESTIVO

El tracto digestivo consta de un grupo de órganos que se encargan de descomponer los alimentos en pequeños nutrientes que luego serán absorbidos y transformados en energía para el organismo. Asimismo, este sistema también renueva las células y tejidos. Se inicia en la boca, continúa en la faringe (garganta) y el esófago, llegando hasta el estómago, los intestinos delgado y grueso, el recto y el ano.

La leche materna, la maternizada y los alimentos sólidos se mezclan con numerosas sustancias químicas (jugos gástricos), que los descomponen en unidades más pequeñas que se pueden absorber en la sangre y el sistema linfático. Una parte de este material se utiliza para el consumo de energía, otra como piedras angulares para tejidos y células, y otra, en fin, se almacena para el futuro o para casos de emergencia. El hígado y el páncreas también segregan jugos gástricos que descomponen los alimentos a su paso por los conductos digestivos. Teniendo en cuenta que no todo lo que comemos lo podemos digerir, los residuos se expulsan a través del colon.

Muchos bebés, y en especial los que sufren cólicos, tienen dolores asociados al tracto digestivo. El masaje de esta área de sus pies puede aliviarlos muy considerablemente, con el consiguiente alivio que también supone para ti la respuesta de bienestar que experimenta tu hijo. He visto a niños llorando a causa de trastornos digestivos dejar de hacerlo después de unos pocos minutos de reflexología en las áreas de reflejo correspondientes al estómago y el intestino delgado.

ÁREAS DE REFLEJO QUE HAY QUE ESTIMULAR

Boca y garganta. Trabaja la sección situada entre la línea del cuello/hombro y los dedos de los pies deslizando un dedo. Presiona el dedo gordo, el área de reflejo del cuello/garganta. Da excelentes resultados cuando el pequeñín tiene dificultades para adaptarse a la succión del pecho materno o del biberón.

Estómago, hígado, intestino delgado, colon. Cruza los pulgares y desliza un dedo presionando las secciones situadas entre la línea pélvica y la del diafragma. Este punto de reflexología es particularmente eficaz en niños aquejados de cólicos. Encontrarás más información sobre este tema más adelante.

3. SISTEMA ENDOCRINO

El sistema endocrino está formado por un conjunto de glándulas que producen hormonas necesarias para el funcionamiento normal de las funciones orgánicas del bebé. Estas hormonas son responsables de una amplia diversidad de procesos fisiológicos, incluyendo la regulación del metabolismo, crecimiento, desarrollo sexual, emociones y niveles de energía. Contribuyen a mantener la homeostasis, un estado de equilibrio químico y emocional del cuerpo. Las glándulas endocrinas liberan hormonas directamente en el torrente sanguíneo, desde donde son transportadas hasta los órganos y tejidos a través de todo el cuerpo para regular el funcionamiento de todos los sistemas orgánicos.

Si el crecimiento general o los niveles de energía de tu hijo parecen insuficientes, dedica una especial atención a esta área durante la rutina de masaje.

ÁREAS DE REFLEJO QUE HAY QUE ESTIMULAR

Hipotálamo, glándula pineal, glándula pituitaria y glándula tiroidea. Desliza el pulgar y presiona el dedo gordo del pie. Trabaja todo el dedo, desde la base hasta la punta, y también los dos lados.

Timo y páncreas. Desliza un dedo presionando el área situada entre la línea de la cintura y la del diafragma.

4. SISTEMA LINFÁTICO

El sistema linfático, esencial para los mecanismos de defensa del cuerpo, filtra organismos portadores de enfermedades, produce leucocitos y genera anticuerpos. También es importante para la distribución de fluidos y nutrientes en el cuerpo, ya que drena el exceso de líquidos y proteínas para que los tejidos no se inflamen. La «linfa» es un fluido orgánico lechoso que contiene un tipo de leucocitos llamados «linfocitos», además de proteínas y grasas. La linfa se origina en los tejidos corporales y su función consiste en eliminar las bacterias y ciertas proteínas de los tejidos, transportar las grasas desde el intestino delgado y suministrar más linfocitos a la sangre. Los vasos linfáticos están presentes allí donde hay vasos sanguíneos y transportan el exceso de fluidos hasta los vasos terminales sin necesidad de ninguna acción de «bombeo». El sistema linfático y el sistema cardiovascular son estructuras estrechamente relacionadas y conectadas por un sistema de capilares. El organismo del bebé es capaz de eliminar los productos de la descomposición celular y la invasión bacteriana a través del flujo sanguíneo, los nodos linfáticos, canalizándolos vía linfa.

Existen más de cien nodos linfáticos, situados principalmente en el cuello, ingle, axilas y distribuidos a lo largo de los vasos linfáticos, donde actúan a modo de barreras para las infecciones filtrando y destruyendo toxinas y gérmenes. El tejido linfoide más grande del cuerpo humano es el bazo. El conducto linfático derecho, que drena el fluido linfático del cuarto superior derecho del organismo, encima del diafragma y debajo de la línea medial, así como el conducto torácico, que drena el resto del cuerpo, son dos partes muy significativas del sistema linfático. El sistema linfático, además de crear anticuerpos en el organismo del niño, lo protege de las infecciones.

Si tu hijo enferma a menudo o empieza a mostrar los primeros síntomas de un resfriado o gripe, trabaja esta área durante el masaje. En los meses de invierno, concéntrate también en ella para fortalecer su sistema inmunológico.

ÁREAS DE REFLEJO QUE HAY QUE ESTIMULAR

Vasos y conductos linfáticos, nodos y fluidos linfáticos. Presiona y trabaja los dos pies cruzando los pulgares.

5. SISTEMA MUSCULAR

El sistema muscular incluye más de seiscientos músculos del cuerpo, los cuales, conectados a los huesos mediante tendones y otros tejidos, transforman la energía química en tensión y contracción. Están formados por millones de minúsculos filamentos de proteína que actúan juntos, contrayendo y relajando para producir el movimiento.

Los nervios del cerebro y la columna vertebral conectan todos y cada uno de los músculos del cuerpo del bebé. Los músculos tienen múltiples funciones y se pueden clasificar en tres tipos: músculos cardíacos, que sólo se encuentran en el corazón, estimulan la acción de bombeo de la sangre; los músculos viscerales, que rodean o forman parte de los órganos internos; y los músculos esqueléticos, responsables del movimiento del cuerpo. Los dos primeros atienden a estímulos involuntarios, sin control consciente, mientras que los últimos, en cambio, realizan movimientos voluntarios. Constituyen el tejido más abundante en el cuerpo humano, copando un 23 % del peso de una niña plenamente desarrollada y alrededor de un 40 % en un hombre. Dado que los huesos y músculos del niño crecen rápidamente, es una excelente área de trabajo para aliviar dolores asociados al crecimiento.

ÁREAS DE REFLEJO QUE HAY QUE ESTIMULAR

600 músculos. Desliza el pulgar, presionando todo el pie.

Corazón, diafragma. Presiona con un dedo en estas áreas de reflejo.

Paredes intestinales. Desliza un dedo y presiona el área situada entre la línea pélvica y la línea de la cintura.

6. SISTEMA NERVIOSO

El sistema nervioso central es el auténtico centro de control en el que se recoge y almacena la información. Su función principal consiste en recopilar información acerca del estado externo del cuerpo del bebé, analizarla y responder adecuadamente para satisfacer ciertas necesidades, la más importante de las cuales es la de supervivencia. Los nervios no forman un solo sistema, sino varios sistemas interrelacionados.

El cerebro y la columna vertebral forman el sistema nervioso central. El sistema nervioso periférico es responsable de las funciones orgánicas involuntarias, es decir, no sometidas a control consciente, tales como el pulso cardíaco o el tracto digestivo. Está dividido en otros dos sistemas: simpático y parasimpático, que funcionan en direcciones opuestas y proporcionan equilibrio.

El sistema nervioso utiliza impulsos eléctricos, que circulan a través de las células. Cada célula procesa información procedente de los nervios sensoriales e inicia una acción en cuestión de milisegundos. Estos impulsos viajan a velocidades de hasta 400 km/h, mientras que otros sistemas, como el endocrino, pueden tardar horas en responder con producción de hormonas.

Ya hemos examinado la estrecha conexión entre los nervios, la piel y el sentido del tacto del bebé. Trabajar esta área le proporciona una experiencia general más satisfactoria y placentera, estimulando los receptores táctiles.

ÁREAS DE REFLEJO QUE HAY QUE ESTIMULAR

Cerebro (incluyendo el hipotálamo, glándula pituitaria y glándula pineal). Desliza un dedo y presiona el dedo gordo del pie, desde la base hasta la punta, y también en los lados.

Columna vertebral. Desliza un dedo, presionando a lo largo del borde interior del pie, desde el talón hasta el dedo gordo.

Plexo solar. Utiliza la técnica del «Relajador del Plexo Solar».

7. SISTEMA REPRODUCTOR

El sistema reproductor masculino consta del pene, las vesículas seminales, los conductos deferentes, la próstata y los testículos. El esperma, conjuntamente con las hormonas sexuales masculinas, se produce en los testículos, dos glándulas de forma oval suspendidas en una bolsa llamada escroto. Los órganos sexuales del varón son parcialmente visibles y parcialmente ocultos en el interior del cuerpo.

El sistema reproductor femenino está formado por la vagina, el útero, las trompas de falopio, los ovarios y las glándulas mamarias, órganos todos ellos que se encargan de la liberación de óvulos (las niñas nacen con óvulos preproducidos). A diferencia de los masculinos, los órganos sexuales femeninos están ocultos casi por completo.

Es improbable que tu hijo o tu hija tenga trastornos en estos órganos, aunque puedes trabajar sus áreas de reflejo correspondientes para fomentar un desarrollo sexual sano. Asimismo, conozco a algunos padres cuyos hijos varones no han experimentado un descenso correcto de los testículos. En tal caso, trabajar esta área del pie podría solucionarlo.

ÁREAS DE REFLEJO QUE HAY QUE ESTIMULAR

Tanto para los niños como para las niñas, presiona con un dedo en el interior y exterior de cada pie, justo debajo del hueso del tobillo. Desliza el dedo a lo largo de la zona en la que el pie se articula con el hueso de los tobillos. Esta área corresponde a:

Niños: pene, vesículas seminales, conductos deferentes, próstata y testículos.

Niñas: vagina, útero, trompas de falopio, ovarios y glándulas mamarias.

8. SISTEMA RESPIRATORIO

El funcionamiento sano del aparato respiratorio es indispensable para la supervivencia. Está formado por los pulmones y una serie de conductos entrantes y salientes: boca, tráquea y bronquios. La respiración es un intercambio de gases (oxígeno, dióxido de carbono y nitrógeno) entre la atmósfera, la sangre y las células. Al igual que el pulso cardíaco, la respiración es una función automática controlada por el cerebro. En realidad es el proceso de consumo de energía a partir del oxígeno. La respiración es una parte evidente del flujo respiratorio, aunque el flujo de energía y de aire también interviene en los bostezos, estornudos, tos, hipo, capacidad de expresión verbal y sentido del olfato. Asimismo, el flujo respiratorio también se canaliza a través de la laringe, o caja vocal, que lo utiliza para crear una amplia multiplicidad de sonidos con los que el bebé puede comunicarse.

Trabaja esta área si el niño tiene hipo o está resfriado, o para estimular la comunicación entre ambos. Algunos pequeñines nacen con trastornos respiratorios que requieren el suministro de oxígeno inmediatamente después del parto. En estos casos, la reflexología es muy beneficiosa.

ÁREAS DE REFLEJO QUE HAY QUE ESTIMULAR

Nariz, sinus. Desliza un dedo presionando todos los dedos del pie, prestando una especial atención a la punta.

Pulmones y diafragma. Desliza un dedo en el área situada entre la línea del diafragma y la del cuello/hombro.

9. SISTEMA ESQUELÉTICO

El esqueleto humano de un adulto consta de 206 huesos que almacenan minerales tales como el calcio y el potasio para su suministro a otras partes del organismo. Los huesos están unidos mediante ligamentos y tendones, proporcionando una estructura protectora y de soporte a los músculos y los suaves tejidos subyacentes. El esqueleto desempeña una función muy importante en el movimiento, facilitando múltiples «palancas» móviles e independientes de las que pueden tirar los músculos para mover diferentes partes del cuerpo. Asimismo, soporta y protege los órganos internos. Por otro lado, el esqueleto produce células rojas a partir de la médula espinal de determinados huesos, y leucocitos a partir de la de otros, destinados a destruir bacterias dañinas.

El esqueleto consta de dos partes principales: el esqueleto axial y el esqueleto apendicular. El esqueleto axial está formado por el cráneo, la columna vertebral, las costillas y el esternón, e incluye 80 huesos, mientras que el esqueleto apendicular consta de los hombros, la pelvis y los huesos de las extremidades. Esta parte del sistema esquelético está formada por 126 huesos: 64 en los hombros y extremidades superiores y 62 en la pelvis y extremidades inferiores. Los bebés nacen con 270 huesos blandos (cartílagos), es decir, alrededor de 64 más que un adulto, muchos de los cuales se fusionarán entre los veinte y los veinticinco años, quedando reducidos a 206 huesos duros y permanentes.

Evidentemente, esta región es un punto excelente para trabajar durante la etapa de crecimiento, con el fin de que los huesos adquieran fortaleza para soportar el peso del niño. La estimulación de esta área fomenta el crecimiento sano en la infancia.

ÁREA DE REFLEJO QUE HAY QUE ESTIMULAR

Todos los huesos del cuerpo. Presiona y desliza un dedo a lo largo de todo el pie.

10. SISTEMA URINARIO

Se podría decir, utilizando un símil, que el sistema urinario es una especie de red de cañerías, con conductos especiales que facilitan la circulación del flujo de agua y sales minerales. La estructura del tracto urinario comprende los riñones, dos uréteres (conductos que unen los riñones y la vejiga) y la uretra, un tubo que discurre desde la vejiga hasta el exterior del cuerpo. Los riñones actúan a modo de sistema de filtro para la sangre, reabsorbiendo el 99 % del fluido en el torrente sanguíneo y enviando sólo entre 0,94 cl y 1,88 cl de producto de desecho (orina) a la vejiga para su almacenaje hasta la expulsión. Los riñones permiten a la sangre mantener los niveles correctos de glucosa, sales y minerales después de haberla limpiado de toxinas, que se expulsan a través del tracto urinario.

La orina se produce en los riñones y circula a través de dos conductos de entre 25 cm y 30 cm de longitud llamados uréteres, que conectan los riñones con la vejiga. Los uréteres, de alrededor de 0,63 cm de diámetro, están provistos de paredes musculares que se contraen para crear ondas de movimiento destinadas a impulsar la orina hasta la vejiga. Por su parte, la vejiga es capaz de dilatarse, aumentando de volumen, y almacena la orina hasta su expulsión. Asimismo, cierra las aberturas de los uréteres para que no pueda circular de nuevo hasta los riñones. El conducto a través del cual fluye la orina hasta el exterior del cuerpo se denomina uretra.

Concéntrate en esta área si tu hijo tiene una infección en la vejiga. Más adelante, cuando lo estés entrenando para el uso del orinal, será clave para asegurar un sistema urinario fuerte.

ÁREAS DE REFLEJO QUE HAY QUE ESTIMULAR

Riñones, vejiga, dos uréteres y uretra. Desliza un dedo en el área situada entre la línea pélvica y la línea de la cintura, presionando en el área de reflejo correspondiente a los riñones y la vejiga.

Cuando hayas terminado, arrastra suavemente las puntas de los dedos (el Pase de Pluma del que hablamos en el apartado anterior) desde la parte superior de las piernas hasta la punta de los dedos. Esto indicará al bebé que el masaje de la mitad inferior del cuerpo ha llegado a su fin.

Capítulo 2

Para desesperación de muchos nuevos padres, los médicos no conocen las causas del cólico, que se caracteriza por un llanto excesivo, irritabilidad extrema, sensibilidad acentuada e insomnio. En medicina se define el cólico como un llanto inconsolable que se produce durante los tres primeros meses de vida del bebé y que dura, por lo menos, tres horas al día, tres días por semana, y que continúa durante tres semanas. Aunque por término medio la mayoría de pequeñines lloran 1-3 horas intercaladas al día, los que sufren cólicos lo hacen de una forma muchísimo más acusada, a menudo gritando, levantando las piernas y expulsando gases. Según la Academia Americana de Pediatría, aproximadamente uno de cada cinco niños desarrolla un cólico, casi siempre entre las 2 y 4 semanas, prolongándose hasta el tercer, cuarto o quinto mes. En palabras de un médico, «sabes que tu hijo tiene un cólico cuando sientes la irresistible urgencia de acondicionarle su propio apartamento».

El cólico es difícil de solucionar, ya que casi todo puede desencadenar el llanto del niño. Aunque la causa exacta sigue siendo un misterio, entre las posibles figuran la inmadurez del sistema gastrointestinal, la inmadurez del sistema nervioso central y el temperamento del bebé. A medida que el sistema nervioso completa su desarrollo alrededor de los 3-6 meses, tu hijo debería tranquilizarse.

El masaje en el vientre puede reducir significativamente el tiempo de llanto del niño. Esta técnica de «alivio de cólicos» puede ayudar al organismo a funcionar mejor. La respuesta puede tardar varios días, pero ten paciencia, continúa con el masaje regular y ambos os veréis recompensados.

Perspectiva histórica del cólico

El término «cólico» procede del vocablo griego *kolikos*, que significa intestino delgado o colon. Según se desprende de una infinidad de textos antiguos, parece que los bebés hayan sufrido cólicos durante toda la historia escrita, si no más. Los famosísimos documentos egipcios conocidos como Papiro Ebers, que se remontan al año 3000 a.C., incluyen 877 fórmulas y 400 prescripciones de fármacos, incluyendo las destinadas específicamente al cólico. Entre las hierbas recomendadas figuran la manzanilla, el cardamomo, el cilantro y la mejorana.

Los chinos llamaban al cólico «los cien días o noches de llanto». Esta condición fue descrita durante el período védico e incluida en textos sobre acupuntura. También los babilonios se hicieron eco del cólico, recomendando hinojo para su alivio.

La idea de que la sensibilidad a los alimentos podría estar relacionada con el cólico aparece documentada por primera vez en los escritos de Hipócrates (400 a.C.), quien observó que la leche podía provocar malestares gástricos y urticaria. Más tarde, en el año 980 a.C., un escritor árabe llamado Ibn Sina dedicó un libro entero a esta cuestión: *Kitab al-Qulani* (*El Libro del Cólico*).

A partir de aquellas antiguas investigaciones médicas se creó una verdadera tradición histórica de remedios para esta dolencia. En las zonas rurales se recomendaban curas con hierbas, amén de otros curiosos tratamientos, con la esperanza de tranquilizar al niño. En estos métodos se incluían los siguientes:

- Hierba gatera (*Nepeta cataria*) (Apalaches)
- Ajenjo, manzanilla o té de menta (España)
- Poleo-menta o té de eneldo (pioneros norteamericanos)
- Beber agua caliente, frotar el vientre o propinar golpecitos en la espalda (Europa rural)
- Llevar un anillo de hierro (antigua Roma y Edad Media)
- Colocar anguilas vivas sobre el estómago del paciente (Europa)

Hasta no hace mucho tiempo, a mediados del siglo XX, los tranquilizantes y sedativos eran los tratamientos más utilizados, recetados rutinariamente por los médicos para el cólico infantil. No hay duda de que este tipo de fármacos funcionaban bastante bien, pero en la década de 1960 se desaconsejó su uso cuando empezaron a darse cuenta de que tenían efectos secundarios adversos a largo plazo en el desarrollo del niño. Aun así, algunos facultativos de edad avanzada continúan prescribiendo esta medicación (Paregoric, Phenobarbital, Bentyl, etc.). Pero eso no es todo. Algunos estudios recientes han demostrado que el alcohol administrado en pequeñas cantidades a los bebés que sufren cólicos reduce el tiempo de llanto.

No obstante, hay que destacar que el alcohol pertenece a la misma categoría farmacológica que todos los tranquilizantes que se utilizaban en el pasado y que en consecuencia es posible que tenga los mismos efectos secundarios adversos para el desarrollo infantil. Conozco algunas madres que aseguran que untando un poco de alcohol en la punta de los dedos y dejando que el bebé los succione contribuye a aliviar el cólico, además del dolor en las encías.

Desafortunadamente, incluso con nuestros modernos conocimientos, las causas del cólico no se han podido especificar. Veamos a continuación lo que nos dicen algunos médicos al respecto.

Cólico: Aspectos básicos

Nada es más desquiciante para unos padres que un recién nacido que no para de llorar. A decir verdad, todos los bebés lloran. Es su forma de comunicarse con nosotros, de manera que lo hacen por muy diversos motivos. En ocasiones tienen hambre o sed; otras, tienen sueño; otras, quieren llamar más nuestra atención; y otras, en fin, quieren que los dejemos en paz y que nadie los importune. Asimismo, puede que estén sobreestimulados o sencillamente aburridos. También lloran cuando están enfermos o sienten dolor, aunque a menudo no saben realmente por qué están llorando; simplemente se muestran malhumorados. Pero ¿existe siempre una razón específica por la cual seas tú quien esté de mal humor?

En general, los padres encuentran formas que dan buenos resultados a la hora de tranquilizar a su hijo que llora. Lo consiguen aprendiendo a sentir sus necesidades, con frecuencia sobre la base de «probar y fallar». No hay dos bebés a los que se pueda tranquilizar de la misma manera. Incluso los más «rebeldes» suelen dejar de llorar espontáneamente dentro de un lapso de tiempo no excesivamente desesperante para sus progenitores. Aunque lo cierto es que no siempre es así. Algunos pequeñines lloran durante períodos de tiempo demasiado prolongados y es dificilísimo consolarlos. Cuando el examen físico no revela ningún síntoma que pudiera hacer sospechar una posible patología, nos referimos a este fenómeno como «cólico infantil»

EL PROBLEMA

La definición de cólico infantil es necesariamente «resbaladiza», pues como ya hemos dicho antes sus causas siguen siendo un enigma. En realidad, depende de la interpretación que se le dé al término «excesivo». ¿Excesivo para quién? Cada pareja tiene un límite de tolerancia al llanto. Para algunos padres, unos pocos minutos son «excesivos», mientras que para otros, lo son varias horas. Los científicos que han estudiado el llanto infantil descubrieron que el niño «medio» llora 2-3 horas diarias, lo cual ha llevado a definir el cólico infantil, a efectos de investigación, como un proceso que se prolonga en el tiempo durante más de cuatro horas. Sin embargo, para algunas parejas, cuatro horas pueden parecer una eternidad. Incluso los minutos pueden parecer horas. Lo cierto es que los padres no suelen ser muy precisos en la estimación del tiempo de llanto de sus hijos.

En realidad, el cólico infantil se define como cualquier cantidad de llanto que resulte excesiva para los padres, lo cual, a su vez, está estrechamente relacionado con su mayor o menor habilidad o éxito a la hora de tranquilizar al bebé. Ser incapaz de hacerlo es muy frustrante. De ahí que pequeñines difíciles de tranquilizar puedan ser mejores candidatos a la adjetivación de «niños con cólico» aun en el caso de que el tiempo de llanto no se diferencie del de otro bebé que llora mucho pero al que es fácil consolar.

Son pocos los trastornos típicos de la tierna infancia cuyas causas sean menos conocidas que el cólico infantil. Las percepciones «padres-médicos» acerca del problema son bastante divergentes, debido principalmente a que las formas de «sentido común» de comprenderlo y de tratarlo difieren considerablemente con los datos de las investigaciones científicas. Todas las teorías enunciadas para explicar el cólico infantil han sido refutadas en innumerables estudios o bien, por naturaleza, se resisten al análisis científico. Así pues, el cólico infantil es uno de aquellos frustrantes problemas médicos del que sabemos más acerca de lo que no es que de lo que es.

En cualquier caso, y a pesar de todos los pesares, los padres siguen esperando que el pediatra identifique la causa y prescriba un tratamiento eficaz. Una honesta explicación de la inexistencia de tratamientos de probada eficacia suele ser fácilmente malinterpretada por los padres como un resultado de la falta de competencia del médico. Por desgracia, conscientes de ello, muchos facultativos indefectiblemente competentes recetan y recomiendan «remedios» de incierta eficacia que no son sino puro placebo.

Conocer un poco más a fondo las teorías acerca de las causas del cólico infantil y de las condiciones similares, aunque no idénticas en sus síntomas, podría resultar útil para los padres que creen que su hijo puede estar sufriendo este trastorno. Aunque en caso de duda siempre es aconsejable acudir al pediatra, esta información tal vez os podría ayudar a ambos a aislar y tratar el problema de una forma más rápida, y poder así volver a la normalidad.

TEORÍAS ACERCA DEL CÓLICO: DOLOR

Es natural pensar que un bebé aquejado de cólico debe estar experimentando algún tipo de dolor. Por lo menos, durante miles de años, cualquier padre, madre o abuelos que hayan tenido que cuidar a un niño de estas características así lo han creído. No obstante, como resultado de estudios científicos, sabemos que el cólico no se debe al dolor. Los expertos modernos en dolor han aprendido a medirlo a nivel fisiológico utilizando ondas cerebrales, niveles hormonales y otros factores, todo lo cual ha permitido demostrar el hecho de que el dolor que sienten los recién nacidos en el transcurso de procedimientos como la administración de inyectables o la circuncisión, no difieren del de los adultos. Sin embargo, las investigaciones han revelado que, utilizando sofisticados dispositivos de control, la pauta fisiológica en un niño con cólico es muy diferente. ¡Se parece a todo menos a dolor! ¡Da la impresión de estar más relacionado con el enfado! ¿Su significado? Hasta la fecha sólo podemos especular.

TEORÍAS ACERCA DEL CÓLICO: RETENCIÓN DE GASES

La idea de que el cólico debe de estar de algún modo relacionado con la retención de gases procede de la observación universal de que los bebés que lo sufren los expulsan muy a menudo y en grandes cantidades. En ocasiones, adquiere la forma de flatulencia, y en otras la de un eructo excesivo. No obstante, innumerables estudios indican que los niños expulsan gases porque tienen un cólico, pero que no lo tienen necesariamente porque expulsan gases. La evidencia más directa deriva de investigaciones en las que se insufló gases artificialmente a bebés sin cólico mediante una dieta especial o medicaciones benignas. Expulsaban muchísimos más gases, pero no lloraban más. Otras evidencias contrarias a la teoría de la retención de gases procede de estudios acerca de las así llamadas «gotas de gas» (Mylicon, Phazyme, etc.), cuya eficacia depende de la perspectiva del análisis. En efecto, si el estudio se centra en la cantidad de gas expulsado, las gotas contribuyen a su reducción. Pero si se centran en el tiempo de llanto y la severidad del cólico, su eficacia no supera a la del placebo. En la actualidad se cree que los bebés que lloran tragan mucho aire. Y como es bien sabido, todo lo entra, tiene que salir. El llanto en el trastorno de cólico explica el gas, pero el gas no explica el cólico.

TEORÍAS ACERCA DEL CÓLICO: ALERGIA

Un trastorno gastrointestinal que guarda una cierta relación con el cólico es la alergia del bebé a determinados alimentos, aunque es de carácter moderado y sólo se aplica a una minoría de recién nacidos aquejados de este síndrome. Los síntomas iniciales de un niño con alergia a los alimentos pueden asemejarse a los de un cólico infantil, aunque habitualmente desarrollan otros síntomas adicionales de alergia alimentaria a las pocas semanas, entre los que se incluyen los eczemas, vómitos, salivación excesiva, diarrea, deposiciones con sangre y falta de aumento de peso. El desarrollo de estos otros síntomas facilita el diagnóstico de una alergia a los alimentos cuando se produce, afectando a todos los niños que sufren este tipo de trastorno alérgico.

Aunque algunos bebés con cólico (los que se hallan en las etapas iniciales de desarrollo de una alergia alimentaria) responden a un cambio en la fórmula hipoalérgica, lo cierto es que sólo se observa en un pequeño porcentaje de pequeñines con cólico. Dado que estas fórmulas son muy caras y menos nutritivas que las más habituales, no se suele recomendar su sustitución antes de que el niño haya desarrollado otros signos y síntomas de alergia. En cualquier caso, cuando un bebé con alergia a los alimentos deja de ingerir la sustancia causante, los síntomas del cólico casi siempre desaparecen.

TEORÍAS ACERCA DEL CÓLICO: FACTORES GASTROINTESTINALES

El reflujo gastroesofágico (EGE) puede provocar dolores abdominales en el recién nacido, aunque suele ir acompañado de vómitos anormalmente graves, y en ocasiones de tos, náuseas y falta de aumento de peso. El niño aquejado de EGE llora inconsolablemente después de cada toma y su esófago se inflama a causa de la irritación ácida. Afortunadamente el EGE se puede tratar con medicación y colocando al bebé en posición erguida. Iniciado este protocolo, el cólico suele remitir en un elevado número de casos.

Una segunda cuestión relacionada con los trastornos gastrointestinales deriva de la intolerancia a la lactosa, es decir, la incapacidad de digerir el azúcar principal presente en la leche (lactosa). No es una alergia alimentaria, y a pesar de sus similitudes en algunos síntomas, carece de la menor relación con ella, si bien es cierto que inicialmente se parecen. En realidad, los recién nacidos con intolerancia a la lactosa presentan otros trastornos además del llanto, sobre todo vómitos y escaso crecimiento.

Otra cuestión asociada a los trastornos gastrointestinales, el simple estreñimiento, también puede acompañar al cólico, y se caracteriza por unas deposiciones duras y dificultad en su expulsión. Así pues, tanto la intolerancia a la lactosa como el estreñimiento se suelen identificar con facilidad y responden a sencillas intervenciones, tales como un cambio en la fórmula o la administración de un ablandador de deposiciones tales como leche o papillas ricas en fibra o, en casos extremos, supositorios pediátricos de glicerina, siempre por indicación expresa del pediatra. En cualquier caso se deberían considerar separadamente y no relacionarse con el cólico infantil.

TEORÍAS ACERCA DEL CÓLICO: OTROS FACTORES GASTROINTESTINALES

Algunos padres echan la culpa del cólico a la administración de dietas ricas en hierro o están convencidos de que su hijo presenta otros tipos de «intolerancia» además de la alergia. Muchos médicos fomentan esta creencia introduciendo cambios aleatorios en la fórmula, en un intento de aliviar o tratar el cólico. Sin embargo, la cantidad de hierro presente en la composición de la leche materna o incluso en las fórmulas enriquecidas con hierro no basta para provocar dolores en el estómago. Algunos estudios han demostrado que el cambio de fórmula (en cualquier dirección) en ausencia de claros síntomas clínicos de alergia, estreñimiento o intolerancia a la lactosa no es más eficaz que un placebo en el alivio de un cólico.

Asimismo, también se han estudiado otros muchos aspectos relacionados con la función gastrointestinal en niños con cólico, como por ejemplo la investigación de otras causas (p. ej., accidentes vehiculares motrices) con el uso de microscopios electrónicos. A decir verdad, no se han encontrado diferencias entre ellos y los bebés normales. Se ha realizado un control y seguimiento pormenorizados de niños con un historial de cólico infantil durante toda la infancia y en la edad adulta. Sus índices de enfermedades gastrointestinales posteriores, como la enfermedad intestinal inflamatoria, el síndrome intestinal irritable, úlceras, trastornos de vejiga, patologías hepáticas o del páncreas, no difieren del resto de la población. Ni que decir tiene que todo esto no ha resultado demasiado útil en el aislamiento de las causas de tan frustrante trastorno infantil.

TEORÍAS ACERCA DEL CÓLICO: FACTORES PSICOSOCIALES

Otra teoría acerca del cólico infantil, que adquirió una cierta popularidad a finales de la década de 1970 y principios de la de 1980, era la que asociaba sus causas a la debilidad de los vínculos afectivos maternofiliales. En aquellos años abundaban las investigaciones sobre los lazos emocionales infantiles y se empezaban a comprender más cosas de este fenómeno. Parecía lógico que los niños con cólico tuvieran dificultades en relación con este proceso. Se realizaron innumerables protocolos de investigación psicológica con parejas de madres e hijos, algunos con cólico y otros no, descubriendo que no había ninguna relación entre la calidad de los vínculos emocionales del niño y el tiempo de llanto diario. En efecto, algunos de los pequeñines más faltos de lazos afectivos e incluso entre los padres más negligentes a este respecto eran muy tranquilos, mientras que los que disfrutaban de unos padres atentos y cariñosos eran los más propensos al cólico. Los expertos concluyeron que no existía correlación alguna entre la conducta paterna y el cólico infantil.

TEORÍAS ACERCA DEL CÓLICO: TEMPERAMENTO

Algunos investigadores han asegurado que el cólico es una expresión precoz de una personalidad «difícil». Se han realizado estudios, en la adolescencia e incluso en la edad adulta, de bebés que sufrieron un cólico infantil en las primeras etapas de la vida. En realidad, no se ha podido demostrar relación alguna entre un historial de cólico y el cociente intelectual, personalidad, éxito escolar, delincuencia juvenil o un conjunto de otros problemas psicológicos como la depresión, ansiedad y trastornos de la personalidad. En resumen, el cólico infantil nada tiene que ver con la psicología.

TEORÍAS ACERCA DEL CÓLICO: INMADUREZ NEUROVEGETATIVA

Ésta es la teoría más conocida y también la más lógica y atractiva desde una perspectiva científica acerca del cólico infantil, y también la única que no ha sido refutada en su totalidad. Según esta teoría, el cólico es un fenómeno derivado de una inmadurez neurológica. Se ha observado que los niños con cólico son más fáciles de sobreestimular que otros, y una vez sobreestimulados, les resulta mucho más difícil tranquilizarse por sí solos o con intervención externa.

El «control del estado» es la habilidad neurológica que, en opinión de los investigadores, está relativamente infradesarrollada en estos bebés. Por definición, el control del estado es la capacidad de una persona para mantener un estado mental equilibrado (p. ej., estar despierto o profundamente dormido), además de la habilidad para realizar una transición entre un «estado equilibrado» y otro más equilibrado si cabe. Veamos un par de ejemplos: un niño «adormilado» que intenta conciliar un sueño profundo o despertar, u otro que está llorando y que intenta tranquilizarse. Esta capacidad, al igual que la memoria y el lenguaje, se desarrolla con la edad. En los adultos casi siempre ha madurado más que en los bebés; los niños algo más mayorcitos son capaces de tranquilizarse mejor sin ayuda externa que los más pequeños; y algunos recién nacidos lo consiguen de un modo más eficaz que otros.

La teoría del desarrollo neurológico se basa en innumerables observaciones. La primera es que todos los bebés con cólico infantil lo superan, habitualmente a los cuatro meses. La segunda es que las estrategias de relajación que implican una considerable estimulación (mecerlos en brazos, cantarles, hablarles, alimentarlos o cambiarles los pañales) suelen ser contraproducentes en el caso de niños con cólico. Por el contrario, las que implican una reducción de la estimulación (abrigarlo o colocarlo en una habitación oscura) tienden a dar mejores resultados.

Esta teoría ha dado lugar al desarrollo de un dispositivo llamado «Sleep Tight» (del inglés, «duerme tranquilo»), que combina un vibrador con un ritmo monótono que se instala en la cuna, simulando la marcha de un automóvil circulando a una velocidad de 90 km/h. Sus diseñadores lo venden con garantía de devolución del precio pagado si no funciona. Según mi experiencia, esto da resultado con muchos bebés, pero no con todos. En cualquier caso, es inocuo.

Lo que hay que hacer

Como puedes ver, si bien es cierto que sabemos muchas cosas de lo que no es el cólico, seguimos sin saber qué es o lo que hay que hacer para aliviarlo. Una pequeña minoría de bebés que inicialmente parecían sufrir un cólico, se demostró finalmente que tenían estreñimiento, intolerancia a la lactosa o alergia a los alimentos. Esto es algo que tanto tú como tu pediatra identificaréis a su debido tiempo. Procura no extraer conclusiones precipitadas acerca de estos diagnósticos antes de que su sintomatología sea evidente. Como ya hemos dicho con anterioridad, la única teoría que no ha sido completamente refutada es la del desarrollo neurológico, aunque tampoco se ha podido confirmar. En estas circunstancias, ¿qué pueden hacer los padres?

En primer lugar, no desanimarse ni malhumorarse. El niño no lo hace a sabiendas. Aunque es difícil asumir que se pueden hacer muy pocas cosas para aliviar el cólico infantil, lo cierto es que siempre hay una luz al final del túnel. Si has llevado a tu hijo al pediatra y se han detectado otros problemas médicos, ten por seguro que este trastorno remitirá a los cuatro o cinco meses.

Recuerda que el llanto de tu hijo no tiene nada que ver con la «calidad» de tu paternidad. Busca el apoyo de otros padres con problemas similares para compartir vuestra experiencia y aprovecha todos los momentos de tranquilidad para descansar; un cólico es agotador tanto para el niño como para ti.

Otras cosas que podrías hacer y que podrían resultar eficaces son las siguientes:

- Evitar la sobreestimulación. Aumentará el llanto del bebé, sobre todo si empieza a perder el control físico.
- Homeopatía. Consulta siempre al pediatra antes de administrar un tratamiento homeopático y si se produce cualquier alteración en los síntomas. Entre los tratamientos de homeopatía para cólicos figuran el *carbo vegetalis* para la flatulencia y el eructo; la *chamomillia* para la irritabilidad que parece remitir cogiendo en brazos al bebé o llevándolo de paseo; y la *magnesia phosophoricum* para cólicos que se alivian un poco al flexionar la cintura. En general, la dosis es de 12X a 30C cada cuatro horas hasta que mejora la sintomatología. Para bebés, hay que diluir cinco gránulos en ¼ de vaso de agua y darles una cucharada cada cuatro horas. En las farmacias puedes encontrar compuestos especiales para cólicos.
- Tés de hierbas relajantes. A menos que el pediatra lo desaconseje, prepara un té añadiendo una cucharada de hierbas en un vaso de agua caliente. Mantenlo tapado entre 5 y 10 minutos si se trata de

hojas o flores, y entre 10 y 20 minutos si son raíces. Durante la lactancia materna, la ingesta de 2-4 vasos al día puede contribuir al alivio de un niño aquejado de cólico. Ni que decir tiene que debes siempre consultar al médico para asegurarte de que las hierbas que estás utilizando son inocuas si das el pecho a tu hijo, y que no son incompatibles con ninguna medicación que ya esté tomando.

El té de semilla de eneldo (*Foeniculum vulgare*) o semilla de anís (*Pimpinella anisum*) suele ser ideal tanto si lo ingiere el niño (1 cucharada antes y después de las tomas) como la madre lactante (1 vaso de tres a seis veces al día). Estas hierbas actúan a modo de relajantes gastrointestinales y facilitan la expulsión de gases. Una vez más, consulta al pediatra antes de dárselos.

Otras hierbas para madres lactantes que tienen efectos relajantes y contribuyen a aliviar el cólico son el bálsamo de limón (*Melissa officinalis*), la hierba gatera (*Nepeta cateria*), la menta (*Mentha piperita*) y la tila (*Tilia cordata*)

Método de masaje para bebés con cólico

Para bebés con cólico, esta técnica para aliviar la retención de gases es extremadamente útil. Úntate las manos con un poco de aceite para masaje (3-5 gotas de tintura de hierba gatera en aceite de oliva o de almendra da excelentes resultados), y alternando las manos, pasa la palma desde la caja torácica hasta la parte superior de las piernas, ahuecando las manos. Repítelo por lo menos cinco veces.

A continuación, junta las rodillas de tu hijo, flexiónalas y sostenlas cerca del vientre durante treinta segundos, y luego suéltalas. Esto contribuye a mantener el cuerpo «conectado». Luego realiza el Pase Circular. Como recordarás de la sección dedicada al masaje del vientre, este pase consiste en trazar círculos alrededor del ombligo en la dirección de las manecillas del reloj.

Con el bebé boca arriba frente a ti, desplaza la mano derecha desde justo debajo de la caja torácica (lado izquierdo del bebé) hasta la base del vientre con un movimiento vertical. A continuación, con la mano izquierda, describe un ángulo recto («L» invertida) empezando en el área situada debajo de la caja torácica en el lado derecho del niño, continuando hacia el lado izquierdo, con un movimiento horizontal, y por último, de nuevo con la mano derecha, un doble ángulo recto («U» invertida) empezando en la sección inferior del vientre, continuado hacia arriba hasta la caja torácica (lado derecho del bebé), hacia la derecha con un movimiento horizontal (lado izquierdo del niño) y finalmente hacia abajo.

Personalmente, me gusta realizar varias veces cada etapa del pase y luego el pase completo, también varias veces.

Cuando hayas terminado, traza un círculo completo con las manos y luego continúa por debajo del ombligo hacia el lado derecho. Alterna las manos y describe el círculo con un movimiento ininterrumpido, apoyando una mano después de la otra. Trabaja con una presión moderada. ¡A los bebés les encanta!

Finalmente, júntale de nuevo las rodillas, flexiónalas y mantenlas cerca del vientre durante otros treinta segundos. Suelta las piernas y dales un suave masaje para aliviar la tensión. Repite tres veces la rutina completa.

Otros pases de relajación

Todos estos sencillos movimientos durante el masaje pueden aliviar el cólico y se pueden realizar en cualquier momento, tanto si el bebé está vestido como desnudo. Repítelos cuatro veces.

1. Con el bebé frente a ti, sujeta sus tobillos, flexiona las rodillas y acércalas al vientre. Luego estíralas de nuevo. Cuando estén sobre el vientre, balancéalas suavemente a un lado y al otro para que el niño relaje las rodillas, y al estirar las piernas, balancea un poco las caderas.
2. A continuación flexiona y estira cada pierna, como si montara en bicicleta. Hazlo lentamente, procurando que la pierna se estire por completo. A los bebés les suele gustar este movimiento.
3. Cruza las piernas a la altura del vientre y presiónalas delicadamente sobre el mismo. Lo ayudarás a expulsar gases. Mantén esta posición durante unos segundos y luego estíralas. Invierte la posición de las piernas en el cruce y repite la secuencia.

OTRAS ALTERNATIVAS PARA LA RELAJACIÓN

Veamos algunas sugerencias adicionales que pueden contribuir al alivio del cólico:

- Deja la habitación en semi penumbra y procura que esté en silencio, sin ruidos o sonidos que lo molesten o distraigan.
- Pon un poco de música suave o canciones (nanas) infantiles especiales para bebés.
- Baña a tu hijo en agua tibia después del masaje y envuélvelo en su mantita o toalla para que se sienta protegido en un ambiente acogedor.
- Envuelve una bolsa de agua tibia con la toalla y colócala debajo del vientre del niño («tibia», no caliente).
- Mécelo en tus brazos o baila lentamente al son de la música.
- Hazle un masaje vigoroso en la espalda, con pases largos.

Capítulo 3

ATENCIÓN DE LAS NECESIDADES ESPECIALES DEL BEBÉ

odos los bebés se benefician de un masaje regular, pero los que nacen con necesidades especiales se benefician mucho más del tacto «nutritivo» y curativo en su cuerpo. A los niños que no pueden ver u oír bien tienen la oportunidad de sentir el amor y afecto a través de la calidez de tus manos y de los suaves pases relajantes del masaje. Con estos pequeñines, el masaje para bebés es una excelente herramienta de comunicación. Necesitan atención extra, amor y confort. Un masaje diario completo, haciendo un especial hincapié en los principales puntos de reflexología, puede optimizar su desarrollo.

Bebés prematuros

A menudo los bebés prematuros permanecen separados de su madre durante largos períodos de tiempo, dificultando mucho más el proceso de establecimiento de vínculos afectivos y emocionales. Por desgracia, no pueden disfrutar del tacto durante su estancia en la incubadora.

Todo cuanto experimentan son procedimientos invasivos, tales como pinchazos en el talón, introducción de catéteres de alimentación y extracciones de muestras de sangre para su análisis, asociando el tacto a una infinidad de sensaciones negativas que luego deberás encargarte de contrarrestar. El masaje te ayudará a conseguirlo, ya que reorganiza la sensibilidad del niño y le proporciona un tacto no doloroso que lo reconforta psicológicamente. Evita siempre el masaje en las áreas que hayan sido sometidas a procedimientos invasivos. Por ejemplo, si presenta varias punciones en los talones, no trabajes los pies, y en el caso de que haya sido intervenido quirúrgicamente, consulta al pediatra la conveniencia de realizar el masaje. En cualquier caso, si da su consentimiento, deja intactas las áreas en proceso de curación.

Los bebés prematuros suelen estar muy estresados, extremadamente nerviosos. La inmensa mayoría de los estudios realizados demuestran que el masaje puede contribuir a aliviar este trastorno. En realidad, se ha comprobado que ralentiza el pulso cardíaco, reduce la tensión arterial, mejora la digestión y la circulación, y fortalece el sistema inmunológico. Asimismo, estimula el sistema nervioso parasimpático, incrementando los niveles de concentración y el estado de alerta.

Otros trastornos

NIÑOS EXPUESTOS A LA COCAÍNA Y AL VIRUS DEL SIDA

Los bebés expuestos a estos tipos de estrés físico antes de nacer necesitan cuidados intensivos en las primeras etapas de la vida. Estudios realizados con niños expuestos a la cocaína mejoran con el masaje. Tres sesiones diarias de quince minutos cada una durante por lo menos los diez primeros días aumenta en un 30 % su capacidad para ganar peso y reduce las complicaciones post-natales.

Los bebés de madres seropositivas también muestran los mismos beneficios con el masaje: aumento de peso, mayor concentración y estado de alerta, y mayor capacidad de control.

NIÑOS QUE HAN SUFRIDO MALOS TRATOS

Es probable que un niño maltratado haya entrado en tu vida a través de la adopción. Es posible que se muestre reacio al tacto, pero en realidad lo necesita muchísimo más que los demás. Un masaje diario de quince minutos durante un mes mejora las pautas de sueño y el estado de alerta, reduciendo paulatinamente la aversión al tacto.

NIÑOS CON ENFERMEDADES ESPECÍFICAS

Asma. Para los bebés con asma, en masaje alivia la ansiedad, mejora el estado de ánimo y reduce la frecuencia de los ataques.

Cáncer. En estos casos, el masaje proporciona a los padres un rol activo en el tratamiento, especialmente el destinado a fortalecer el sistema inmunológico.

Dermatitis y soriasis. La medicación combinada con el masaje reduce la reacción de aversión al tacto (la piel es muy sensible). Asimismo, alivia el estrés, que como han demostrado innumerables estudios, contribuye al empeoramiento de algunas afecciones cutáneas.

Diabetes. Dado que los padres ya están controlando la dieta y los niveles de azúcar en la sangre de su hijo, la introducción del masaje no suele ser difícil. Les ayuda a reducir el estrés y mejora su capacidad de control de los progresos del niño.

Artritis. El masaje alivia el dolor de los bebés y niños algo más mayorcitos que padecen artritis, mejorando asimismo la circulación en las áreas inflamadas.

Fibromialgia. El masaje reduce el dolor, la ansiedad, la depresión y las hormonas del estrés que crea esta patología.

NIÑOS CON TRASTORNOS PSICOLÓGICOS Y DE DESARROLLO

Autismo. La terapia de masaje en los niños autistas mejora la atención, las habilidades interactivas no verbales, la consciencia sensorial y el comportamiento social.

Bulimia. Los adolescentes tratados con una terapia de masaje aunque sólo sea un par de veces por semana experimentan progresos muy significativos, tales como una mejora en la percepción de la imagen corporal, menos síntomas depresivos y un mayor control urinario.

Trastorno de Estrés Post-traumático. Un masaje regular ha demostrado ser bastante eficaz en casos de depresión, ansiedad, reflejos exagerados y producción de hormonas del estrés en niños que sufren este trastorno.

Trastorno de Déficit de Atención. Bastan cinco semanas de masaje regular para reducir la hiperactividad, ampliar el período de atención y mejorar el rendimiento escolar.

Anexos

HITOS EN EL DESARROLLO
DURANTE LOS 12 PRIMEROS MESES DE VIDA

Durante los doce primeros meses de vida, el cuerpo del bebé se estira gradualmente con una extraordinaria flexibilidad y se fortalece para soportar el creciente peso corporal. Si comprendes los tipos de movimientos que hace tu hijo en las diferentes etapas de su crecimiento, podrás controlar y potenciar el desarrollo adecuado de su fuerza y flexibilidad, y sabrás de antemano cuáles pueden ser sus reacciones cuando le hagas un masaje.

Expectativas relacionadas con el masaje

De 1 a 3 meses
- El bebé tiene reflejos neonatales (gira la cabeza de un lado a otro, etc.). Es un buen momento para concentrarse en el masaje de la cara.
- Mantiene los brazos pegados a los costados, con los puños cerrados. En esta etapa, los pequeñines pueden experimentar ansiedad cuando reciben un masaje en los brazos.
- Es difícil conseguir que se esté quieto el tiempo suficiente como para completar la rutina de masaje. Deberás limitarla a unos pocos minutos. Presta una especial atención al vientre.
- El niño muestra preferencias por el masaje de la espalda y las piernas.
- La calidez es muy importante a esta edad. Asegúrate de que la habitación en la que haces el masaje esté a buena temperatura y que tu hijo se siente seguro y protegido.

De 3 a 6 meses
- A medida que el bebé se prepara para gatear y ponerse de pie, acumula tensión en la espalda. Hazle un masaje en la espalda y las piernas.
- El niño levanta más la cabeza y mueve los brazos. Fíjate en sus reacciones derivadas de su estado de ánimo. Te permitirán determinar cuál es el momento más apropiado para hacer el masaje.
- La tensión se acumula en la cara a causa del llanto, succión y dolor en las encías. En este sentido, el masaje en la cara constituye un gran alivio.
- El bebé se inquieta enseguida. Varía las áreas de masaje para mantener su interés y espera a que esté relajado para iniciar el masaje (p.ej., antes de acostarse).
- Cuando empieza a gatear es una buena idea hacer el masaje en el suelo.

- Si rueda de un lado a otro o se da la vuelta durante el masaje, adáptate a sus movimientos, trabajando el área que tengas a la vista (el vientre, el pecho, la cara y la parte anterior de las piernas si está boca arriba, y la espalda y la cara posterior de las piernas si está boca abajo).

De 6 a 12 meses

- El niño no para quieto y cada vez es más difícil conseguir que se relaje para darle un masaje. Prueba en diferentes momentos del día para averiguar cuándo se muestra más receptivo o reduce la cantidad de veces por semana de masaje.
- Cuando tu hijo está tranquilo y te mira a los ojos es el momento ideal para empezar. Si le has acostumbrado al masaje desde el primer mes, ya sabrá lo que ocurrirá a continuación y se mostrará receptivo al tacto.

Hitos en el desarrollo físico

De 0 a 3 meses

- Los reflejos controlan la mayoría de los movimientos del recién nacido, incluyendo la succión, la acción de tragar y de sujetar con las manos. Los movimientos voluntarios empezarán a aparecer cuando tenga algunos meses. Estos reflejos crean tensión en la cara. Dedícale una atención especial.
- La estructura corporal del recién nacido es muy diferente de la de un niño un poco más mayorcito o de un adulto. Su cabeza equivale a una cuarta parte del tamaño total del cuerpo. El tronco es largo y las piernas, cortas. Así pues, asegúrate de sostener bien la cabecita y el cuerpo durante el masaje.
- En el transcurso de los primeros meses de vida, tu hijo debería ser capaz de levantar la cabeza del suelo (o de la cuna, etc.) cuando está echado boca abajo. Esto acumula tensión en el cuello y la espalda. Un masaje intensivo en estas áreas es muy relajante.
- Alrededor del segundo mes ya debería ser capaz de sujetar un sonajero durante unos instantes y desplazar la mirada de un objeto a otro. Cuando le hagas un masaje en los brazos, desplaza la mano de un lado al otro de su cuerpo y observa si la sigue con la mirada.

De 3 a 6 meses

- En el cuarto mes tu hijo debería haber duplicado su peso. A medida que va aumentando de peso, puedes intensificar la presión de los dedos y las manos durante el masaje.
- Alrededor del tercer mes, rodará cuando está echado, pasando de boca arriba a boca abajo y viceversa. A menudo, estos movimientos dificultan el masaje de todo el cuerpo. Te aconsejo que te adaptes a su pauta motriz y que trabajes las áreas a tu alcance.
- También alrededor del tercer mes levantará el pecho del suelo cuando esté boca abajo. Si lo hace cuando lo acuestas, un suave masaje en la espalda lo estimulará a mantener la cabeza apoyada y a conciliar el sueño.

- El pequeñín sujetará objetos y agitará un juguete o un sonajero, cogerá dos juguetes a un tiempo y se los llevará a la boca. Estos movimientos fortalecen los músculos de los brazos y las piernas. Dedícales una especial atención.
- A finales del sexto mes incluso puede empezar a sentarse sin ayuda. Hazle un masaje en los brazos y las manos mientras está sentado.
- Entre el cuarto y el sexto mes deberías introducir la alimentación sólida, pero nunca le des nada de comer, ni siquiera una galleta, durante el masaje.

De 6 a 9 meses

- Tu hijo empezará a sostener el cuerpo apoyando en el suelo las manos y las rodillas, y poco después empezará a gatear, ¡un momento ideal para el masaje de las piernas!
- El niño se pondrá de pie sujetándose de los muebles y también caminará, siempre sujeto. ¡Enhorabuena! ¡Son sus primeros pasitos! Asimismo, empezará a seguir tus movimientos por la habitación. Habitualmente, los niños de estas edades no quieren sentarse y estarse quietos para darles un masaje. Espera hasta que se haya cansado un poco de «tanto» estar de pie y de «tanto» caminar y esté relajado.
- Tu hijo empezará a controlar la pinza con el pulgar y el índice para coger pequeños objetos. Dedica unos minutos diarios al masaje de las manos.

De 9 a 12 meses

- Alrededor del décimo mes, el pequeñín empezará a tenerse en pie sin ayuda, y aproximadamente en el duodécimo dará sus primeros pasos sin sujetarse. A medida que va aprendiendo a caminar, los músculos de las piernas y la espalda están sometidos a una sobrecarga para sostener el peso del cuerpo. El masaje diario puede ayudar a relajar estas partes del cuerpo para aliviar la tensión y la fatiga.
- En esta etapa mostrará una preferencia en el uso de las manos. Así pues, sabrás si es diestro o zurdo. ¡Dedica la misma atención a las dos!

De 12 a 18 meses

- A finales del decimocuarto mes tu hijo debería caminar con una relativa soltura. Ha dejado de ser un «bebé». ¡Ya está crecidito! El masaje puede ser difícil, ya que a esta edad los niños no quieren estar quietos cuando están sentados. Sin embargo, si le has acostumbrado al masaje desde que nació, sabrá que es «la hora del masaje» y disfrutará de este tiempo tan especial contigo.
- El niño ya es capaz de hacer garabatos con un lápiz en un trozo de papel, amontonar hasta cuatro bloques de construcción y pasar las páginas de un libro. Todo esto requiere una buena coordinación mano-ojo. Hazle un buen masaje en las manos.

De 18 a 24 meses

• Ya sabe trazar un arco con un lápiz en un trozo de papel después de haberle enseñado a hacerlo.

• Puede hacer girar el tirador de una puerta con las dos manos.

• Sube y baja cremalleras.

Hitos en el desarrollo emocional

De 0 a 4 meses

Los bebés expresan la mayoría de sus emociones llorando, y lo hacen por lo menos de tres maneras diferentes. Aunque parezca difícil, sus cuidadores aprenden enseguida a distinguirlos. El llanto más frecuente es la típica secuencia ininterrumpida y monótona de gritos, que casi siempre es una señal de hambre. Los otros dos indican enojo o disgusto y dolor. Tanto los padres como los cuidadores que responden inmediatamente al llanto del niño durante su primer año de vida, fomentan el desarrollo de un fuerte sentimiento de confianza, aunque hay que procurar no excederse, pues podría conducir a una sobredependencia. Otras emociones presentes a estas edades son el mal humor y el enfado. La «sonrisa sociable» aparece en esta etapa del desarrollo del pequeño, además del miedo, asombro y tristeza.

Hacer un masaje al niño cuando llora puede ser difícil, pero en ocasiones, si continúas frotándole el estómago durante algunos minutos a pesar del llanto, lo ayudarás a expulsar gases y aliviarás su malestar, y en consecuencia, el llanto.

De 4 a 8 meses

Entre el cuarto y octavo mes, el bebé expresa una amplia gama de emociones: placer, felicidad, alegría, miedo y frustración, y lo hace mediante «gorjeos», gritos, chillidos y llanto. También manifiesta su estado de ánimo mediante movimientos tales como pataditas, agitación de los brazos, balanceo y sonrisa. El masaje, incluyendo los estiramientos, fomenta este tipo de movimientos físicos.

18 meses

Alrededor de esta edad, los niños desarrollan el sentido del «yo». Empiezan a reconocer su imagen en el espejo y a independizarse de la madre. Sus estados anímicos en esta etapa son múltiples. Ahora pueden estar alegres y jugando, y al minuto siguiente, echados en el suelo llorando y pataleando. Un día pueden sentirse divinamente durante el masaje y al siguiente rechazarlo. Ten paciencia, erígete en un cómplice de sus reacciones emotivas y recuerda que este comportamiento es normal durante el desarrollo del sentido del «yo». Sigue expresando el amor que sientes por él y apóyalo en estos meses tan difíciles.

Anexo B

> *Los recién nacidos no se sienten completamente en casa en este mundo. En Nigeria se suele decir que aún forman parte del útero materno y que durante algún tiempo continúan en contacto con el espíritu de los niños que aún no han nacido.*
>
> Carol Dunham, *Mama To To*

Tal vez creas, como yo, que los recién nacidos vienen a este mundo con recuerdos intactos de otras dimensiones y una capacidad innata para percibir y sentir cosas que la mayoría de los adultos han ido perdiendo con el tiempo. Este recuerdo y capacidad perceptual vincula directamente al niño con su propia sabiduría interior y es una fuente de autoestima.

Creo que es de vital importancia respetar esta conexión procurando que el niño disfrute de la mayor cantidad de tiempo de tranquilidad posible, como durante el masaje. No lo sobreestimules con demasiada televisión, vídeos o incluso música. Este «bombardeo» constante de imágenes y sonidos le hace perder la capacidad de permanecer quieto y tranquilo si no está delante del televisor u ordenador.

Ten en cuenta también que las percepciones de tu hijo podrían ser muy precisas, aunque la tuya difiera de la suya. Estas percepciones contribuyen a reafirmar su incipiente personalidad y preservan el fragilísimo hilo que lo une a su mundo interior.

El masaje en los niños fomenta la comunicación en silencio. Procura estimular el contacto visual y la interacción entre ambos durante la sesión, aunque sin caer en la tentación de intentar copar o absorber el ciento por ciento de su atención. La mayoría de los bebés en nuestro ajetreado mundo están sobreestimulados. ¿Cómo esperar pues que se «siente y esté quieto» cuando va a la escuela si nunca lo ha experimentado? Regala a tu hijo el don del silencio y la quietud mediante la práctica del masaje.

Aprender a relajarse en silencio a una muy tierna edad proporciona al niño un recuerdo que lo acompañará toda la vida. Si respiras lenta y profundamente cuando percibes tensión, en ti o en él, le estás enseñando a hacerlo. Tu hijo es un reflejo de ti mismo. Sentarte tranquilamente con él, mirándolo a los ojos, intentar descubrir qué cosas ha venido a enseñarte con su llegada y «escuchar» su respuesta te puede proporcionar un extraordinario sentimiento de paz. Rodéalo de amor incondicional y comprenderá cuánto lo quieres. Los bebés que crecen junto a unos padres que alimentan su autoestima desarrollarán una mayor seguridad en sí mismos en el futuro, y en consecuencia, serán capaces de crear un mundo más feliz.

Según K. Langloh Parker y Johanna Lambert, autores de *Wise Women of the Dream Time*, «los aborígenes creen que el espíritu tarda tres años en acomodarse definitivamente al cuerpo del niño. Si violas su inocencia, impides que tome posesión del mismo. En la creencia de que la infancia es un santuario de gozo, amor y afecto, la confianza y autoestima se establecen en las primeras etapas de su vida. Se ha comprobado que el amor incondicional potencia la coordinación, confianza e independencia».

Burton White escribió *Raising a Happy, Unspoiled Child* basándose en una investigación realizada con niños que él mismo denomina «excepcionales» (con una base sólida de interrelación y respuesta eficaz a los estímulos del entorno), estudiando la conducta y emotividad de centenares de niños de este tipo en su casa. Los resultados revelaron que entre el séptimo mes y los dos años, habían «desarrollado acuerdos y comprensiones sociales con sus cuidadores con un grado de conflicto mínimo». Dado que no perdían el tiempo y la energía en inútiles «luchas de poder» con ellos, absorbían mejor la información y realizaban observaciones mucho más interesantes en su entorno. Esto coincide con lo que hacen los aborígenes en su cultura.

Intuición «nutritiva»

Al igual que cualquier otra habilidad infantil, la intuición se disipa cuando no se alimenta. Si un padre desaprueba sentimientos o experiencias de su hijo diciendo cosas tales como «No seas tonto» o «Menuda bobada», el niño aprenderá a suprimir este conocimiento interior. Lo mejor que se puede hacer para potenciar su intuición es escucharlo, dejando que asomen los maravillosos e incomparables dones que ha traído consigo a este mundo. En nuestra cultura se tiende a decir al niño quién y cómo tiene que ser, y a moldear su imagen y su personalidad para que se parezca lo más posible a alguien que ha «triunfado» en la vida. Si no aceptas a tu hijo tal como es, se perderá en una compleja maraña de sentimientos y desarrollará una falsa personalidad.

Este proceso de creación de «falsas» defensas suele iniciarse en el momento del nacimiento, cuando el bebé se ve sometido a luces brillantes, ruido y procedimientos médicos, volcándose en su interior en un intento por escapar de semejante caos.

En nuestra cultura de emular a los «súper hombres», debemos preservar a toda costa su capacidad intuitiva como un arte que conviene dominar. En este sentido, no hay nada mejor que una atmósfera doméstica en la que se respete la intuición y se deje florecer, considerándolo como algo normal en la vida. Esto significa formularles preguntas que los ayuden a clarificar su experiencia intuitiva sin decirles que esto es algo extraordinario. Necesitan saber que es una forma cotidiana de ver las cosas que hay que dar por sentado. Respirar profundamente y cerrar los ojos antes de tomar una decisión es algo que se enseña con el ejemplo. Aprovecha la ocasión que te brinda el masaje para que se vaya acostumbrando. Hazlo antes de empezar.

En su serie de cintas de audio titulada «Spiritual Madness», la Dra. Carolina Myss dice que en la actualidad se nos pide que desarrollemos nuestra espiritualidad al tiempo que vivimos en el mundo físico. Piensa en la influencia que puede tener en la siguiente generación que los niños que nacen hoy conserven su habilidad para seguir una orientación espiritual mientras, en parte a través del masaje, experimentan la vida en un cuerpo sólidamente arraigado en la realidad. ¡Menuda diferencia puede marcar en su vida y en su mundo!

Y todo empieza con un tacto amoroso.

Bibliografía

Brazelton, T. Berry, *Momentos clave en la vida de tu hijo*, Plaza & Janés, 2001.

Bressler, Harry Bond, *Zone Therapy*, Health Research, 1971.

Byers, Dwight C., *Better Health With Foot Reflexology*, Ingham Publishing, Inc., 1991.

Carter, Mildred, y Weber, Tammy, *Reflexología total*, Obelisco, 2003.

Eisenberg, Murkoff y Hathaway, *Qué se puede esperar cuando se está esperando*, Medici, 2003.

Ingham, Eunice, *The Original Works of Eunice D. Ingham: Stories the Feet Can Tell Through Reflexology, Stories the Feet Have Told through Reflexology*, Ingham Publishing, Inc., 1984.

Klaus, Marshall H., Klaus, Phyllis H., y Kennell, John H., *Bonding: Building the Foundations of Secure Attachment and Independence*, Addison-Wesley, 1996.

Leboyer, Frederick, *Loving Hands: The Traditional Art of Baby Massage*, Newmarket Press, 1976.

Montague, Ashley, *Touching: The Significance of the Skin*, Harper & Row, 1986.

McClure, Vimala Schneider, *Infant Massage: A Handbook for Loving Parents*, Bantam Books, 1989.

—, *Teaching Infant Massage: A Handbook for Instructors*, Vimala McClure, 1998.

Restak, R., *The Infant Mind*, Doubleday, 1986.

Sears, M.D., Martha y William, *El niño desde el nacimiento hasta los tres años*, Urano, 1999.

Para más información acerca de otros productos de masaje de la autora,
visita www.basicknead.com

MANUALES PARA LA SALUD

Títulos publicados: